我国西南民族地区经济高质量发展研究

——以广西为例

王 伟 著

中国财经出版传媒集团

经济科学出版社

Economic Science Press

·北京·

图书在版编目（CIP）数据

我国西南民族地区经济高质量发展研究：以广西为
例/王伟著 . -- 北京：经济科学出版社，2023.9
　ISBN 978 - 7 - 5218 - 5159 - 5

Ⅰ.①我…　Ⅱ.①王…　Ⅲ.①区域经济发展 - 研究 -
广西　Ⅳ.①F127.67

中国国家版本馆 CIP 数据核字（2023）第 178316 号

责任编辑：李晓杰
责任校对：王京宁
责任印制：张佳裕

我国西南民族地区经济高质量发展研究
——以广西为例
王　伟　著
经济科学出版社出版、发行　新华书店经销
社址：北京市海淀区阜成路甲 28 号　邮编：100142
教材分社电话：010 - 88191645　发行部电话：010 - 88191522
网址：www. esp. com. cn
电子邮箱：lxj8623160@ 163. com
天猫网店：经济科学出版社旗舰店
网址：http：//jjkxcbs. tmall. com
北京密兴印刷有限公司印装
710×1000　16 开　15 印张　220000 字
2023 年 9 月第 1 版　2023 年 9 月第 1 次印刷
ISBN 978 - 7 - 5218 - 5159 - 5　定价：62.00 元
（图书出现印装问题，本社负责调换。电话：010 - 88191545）
（版权所有　侵权必究　打击盗版　举报热线：010 - 88191661
QQ：2242791300　营销中心电话：010 - 88191537
电子邮箱：dbts@ esp. com. cn）

前　言

　　高质量发展是全面建设社会主义现代化国家的首要任务。党的十八大以来，中国特色社会主义进入新时代，我国经济已由高速增长阶段转向高质量发展阶段。新时代，贯彻新发展理念，推动经济高质量发展，已经成为中国经济改革的战略目标和行动指南。

　　我国西南民族地区由于自然、历史、政策等多方面的原因，经济发展相对滞后、产业基础较为薄弱，实现高质量发展的制约因素较多。但是，西南民族地区作为我国多民族聚居之地，民族特色鲜明、旅游资源丰富、生态环境良好，是我国面向东盟的国际大通道、面向南亚东南亚的辐射中心、"一带一路"有机衔接的重要门户。因此，从这些特殊性出发，以马克思主义政治经济学的基本理论为指导，深入探究我国西南民族地区经济高质量发展问题，具有重要的理论价值和现实意义。

　　近年来，国内学者围绕经济高质量发展的内涵、评价标准、测度方法、实现途径等方面展开了深入的研究。长期以来，国外关于经济发展的研究主要集中在经济增长源泉和经济增长质量等方面。从国内外研究现状看，关注欠发达地区高质量发展问题，特别是从政治经济学的视角切入，将发展质量的区域评价与产业评价相结合的研究还比较少见。本书以我国西南民族地区——特别是广西为研究对象。本书具有以下特点：首先，系统梳理了马克思主义政治经济学、中国特色社会主义理论体系、习近平新时代中国特色社会主义思想中关于发展的理论，并以此作为指导理论。其次，广泛吸取了新古典增长理论、新增长理论以及区域经济学中关于发展的相关理论，并以此作为借鉴理论。在此基础上，从宏观、微观和新发展理念三个视角深入剖析了广西经济高质量发展的现实基础。再次，将理论与实践相结合，从一般性和特殊性两个视角出发，分别进行经济高质量发展水平的区域整体评价和特色产业的具体评价。整体评价，基于新发展理念构建指标体系，运用层次分析法结合功效系数法，对全国各省经济高质量发展水平进行实证测度，目的是分析西南民族地区在全国所处的位置、存在的差距，以便在横向比较中找出薄弱环节。结果显示：我国西南民族地区经济高质量发展整体水平偏低，综合指数得分为 75.7分，在全国八大经济区中排第五名；在创新、协调、绿色、开放、共享的新发展理念维度上，得分依次为 67.0、71.3、86.0、69.7、76.3，绿色发展水平较高，创新发展水平较低，开放、协调和共享水平亟待提升。具体评价，以广西的特色优势产业旅游业为例，采用熵值法结合 TOPSIS 法，对广西 14 个地级市旅游业高质量发展水平进行实证测度和空间分析。结果显示：新冠疫情冲击下，广西旅游业虽遭重创，但复苏的步伐正在加快，且大幅领先于全国平均水平。2009～2018 年广西各市旅游业高质量发展水平的格局演变并不明显，桂林一枝独秀，南宁位列次席，其他城市发展滞后。整体看，广西城市间旅游业高质量发展水平的差距很大、区域内旅游业发展不平衡的现象非常严重，总体呈"金字塔"型分布，且有"塔尖愈尖"的趋势。最后，依据广西经济高质量发展的现实基础和评价测度的结果，指出广西创新发展的最大制约是人才储备不足，协调发展的薄弱环节是经济结构欠优，绿色发展的当务之急是增强红线意识，开放发展的主要瓶颈是缺乏联动思维，共享发展的最大难点是补齐民生短板。要突破这些瓶颈和薄弱环节，就必须对症下药、多管齐下，从新发展理念五大维度提出有针对性的应对措施，并努力争取国家支持。

本书在以下方面有所创新：一是选题视角创新，以我国西南民族地区——特别是广西为研究对象，从政治经济学的角度切入，构建整体区域评价和具体产业评价相结合的多维度、多层次、立体化的高质量发展评价体系，具有一定的新意。二是研究方法创新，以马克思主义发展观之新发展理念为统领，坚持理论与实践相结合、定量测度与定性分析相结合，将层次分析法、功效系数法、熵值法、TOPSIS 法、空间分析法等方法引入经济高质量发展的评价测度体系中，具有一定的新意。三是研究内容创新，以马克思主义为指导，以问题为导向，具体问题具体分析，力求透过现象、揭示规律、指导实践。围绕新发展理念五大维度全面刻画了广西经济高质量发展的优势和劣势，并提出了有针对性的应对措施。如：加强人力资源开发，建设"飞地"型科技研发中心；按主体功能区规划协调发展，基于资源禀赋选择比较优势产业，基于短周期技术理论确定战略性新兴产业；节能减排、打造生态经济绿色发展新高地；对内聚力，形成"龙头引领、双核驱动、三区统筹"的整体发展格局；对外开放，打造"南向北联东融西合"的全方位开放体系；坚定以人民为中心的根本立场，保护劳动者权益，限制资本的消极作用；落实惠民政策，推行基本公共服务均等化，推动更高水平的共享发展等。有力地回应了广西经济高质量发展中的许多热点现实问题。

本书是国家社会科学基金项目"桂滇黔民族地区旅游业高质量发展与共同富裕的耦合机制研究"（项目编号：22XMZ016）、广西哲学社会科学规划研究课题"桂林国际旅游胜地多模态旅游语言资源调查与开发对策研究"（项目编号：22FYY018）的阶段性研究成果，并受到桂林电子科技大学科学研究基金、桂林电子科技大学商学院科研平台建设及科研成果培育经费的资助，谨致谢忱。

由于作者水平有限，本书还存在诸多不足之处，敬请各位专家、同行和广大读者批评指正。

2023 年 6 月 6 日

目　录

Contents

第一章

绪　论

本章旨在介绍选题的背景和意义，界定基本概念和研究范畴，提出研究框架和研究方法，以及本书的创新点与不足。

第一节　选题背景和研究意义

一、选题背景

新中国成立 70 多年来，我国经济社会发展取得了举世瞩目的成就。前 30 年，我国确立了社会主义基本制度，建立起了独立的、门类齐全的工业体系和国民经济体系，为经济发展奠定了制度基础和主要的物质基础；改革开放以来，我国实现了持续 40 年的经济高速增长，社会生产力和人民生活水平显著提升，为实现中华民族伟大复兴和全面建成社会主义现代化强国打下了很好的基础。然而，发展的过程中也出现了一些问题：粗放式增长带来的资源、环境压力不断增大，低端产能过剩与高端供给不足的结构性矛盾日益突出，科学技术和创新能力与发达国家相比还有较大差距，城乡、区域发展不平衡和收入分配差距较大等问题已经成为影响经济协调发展的制约因素。党的十八大以来，党和国家领导集体不断深化对经济社会发展规律的认识，作出我国经济发展进入"新常态"的科学判断，退出短期强刺激政策，创新宏观调控方式，不搞大水漫灌，提出以新发展理念引领经济新常态，推动供给侧结构性改革，建设现代经济体系，实施"一带一路"倡议，加大扶贫治贫力度，完善社会保障体系，为经济高质量发展奠定了坚实的基础。

党的十九大报告指出："我国经济已由高速增长阶段转向高质量发展阶段。"[①] 新阶段，随着要素价格的上涨和传统人口红利的消失，我国的后发优势、比较优势越来越小，迫切需要将经济发展的动力由要素驱动、投资驱动转向创新驱动；新阶段，为了适应我国社会主要矛盾变化和全面建成小康社会的要求，迫切需要统筹城乡、区域、产业和阶层协调发展，迫切需要处理好人与自然、经济建设与生态环境保护的关系，坚持绿色可持续发展；新阶段，为了保持经济持续健康发展、深度融入全球价值链、积极参与国际经济新秩序的建立和完善，同时将改革的成果更多地、更公平地惠及广大人民群众，迫切需要更高水平的开放发展和更大力度的共享发展。党的二十大报告指出，高质量发展是全面建设社会主义现代化国家的首要任务。因此，贯彻新发展理念，推动经济高质量发展，已经成为中国经济改革的战略目标和行动指南。

整体上，我国经济高质量发展要以"满足人民美好生活需要"为宗旨，以创新、协调、绿色、开放、共享的新发展理念为指引，以供给侧结构性改革为主线、建设现代化经济体系，实现高质量发展。与此同时，在局部和战略实施层面，高质量发展还必须根据各地在国家整体发展战略中的定位、产业基础以及资源环境优势等实际情况，因地制宜、

---

① 习近平谈治国理政. 第三卷［M］. 北京：外文出版社，2020：240–242.

精准施策，而不能一刀切。

我国西南民族地区由于自然、历史、政策等多方面的原因，与东部发达地区相比，经济发展相对滞后，产业基础较为薄弱，脱贫攻坚虽然已取得重大胜利，但巩固脱贫成果同乡村振兴有效衔接的任务仍十分艰巨，这构成这些地区实现高质量发展的制约因素；但是，西南地区作为我国多民族聚居之地，民族特色鲜明、旅游资源丰富、生态环境良好，是我国面向东盟的国际大通道、面向南亚东南亚的辐射中心、"一带一路"有机衔接的重要门户，同时也是民族团结进步示范区、大数据综合试验区，以及西南、中南地区开放发展的战略支点，这构成这些地区高质量发展的优势和特色。从这些特殊性出发，本书尝试：以广西为例，在实践调研的基础上，坚持以马克思主义政治经济学和中国特色社会主义政治经济学的基本理论为指导，厘清广西经济高质量发展的现实基础，并在此基础上结合高质量发展的影响因素构建评价指标体系进行量化测度，根据评价结果找出广西经济高质量发展的薄弱环节和发展瓶颈。从而提出区域整体及相关产业高质量发展的对策建议及保障措施，进而促进我国西南民族地区经济高质量发展，并为全国的高质量发展作出贡献。

二、研究意义

（一）理论意义

第一，有利于丰富马克思主义政治经济学关于经济发展质量的相关理论。习近平总书记关于经济高质量发展阶段的重要判断，不仅昭示了一个新时代的来临，指出这个新时代经济发展的本质特征和崭新使命，而且提出了重要和紧迫的理论需求。本书研究"我国西南民族地区经济高质量发展"问题，坚持理论与实践相结合、定量测度与定性分析相结合，运用马克思主义政治经济学的分析方法，深入探究我国西南民族地区——特别是广西经济高质量发展的现实基础、发展水平、困难瓶颈和实现路径等问题。对于贯彻落实习近平新时代中国特色社会主义经济思想、丰富马克思主义政治经济学关于经济发展质量的相关理论具有重要意义。

第二，有利于完善我国特定区域经济高质量发展评价指标体系。目前我国还没有形成高质量、成系统的经济高质量发展评价指标体系，关于经济高质量发展衡量指标，理论界的探索很多，但相对分散、不够系统，难以有效指导国民经济高质量发展。已有的评价指标体系很少关注区域经济基础、发展阶段、战略定位等方面的差异，而这对于切实推进特定区域经济高质量发展具有重要意义。因此，立足现实国情、深入探究特定区域经济高质量发展的影响因素和本质要求，进一步完善指标体系的科学性和指标选取的有效性，因地制宜地构建全维度、多层次、立体化的经济高质量发展评价指标体系具有重要的理论价值。

第三，为探寻民族地区经济高质量发展的实现途径和保障措施提供理论依据。理论与实践相结合，深入剖析经济高质量发展的内在要求和形成机理，提出广西等西南民族省区经济高质量发展的战略定位，并在此基础上以新发展理念为指引，将层次分析法、功效系数法、熵值法、TOPSIS 法、空间分析法等方法引入经济高质量发展的评价测度体系中，构建有特色、有差异、符合自身发展导向的经济高质量发展评价指数并进行实证分析，从而揭示我国西南民族地区经济高质量发展的总体态势、特定地区特色产业的发展水平及空间分布规律。围绕"理论基础—现实基础—评价指标—测度体系—薄弱环节—路径选择—保障措施"的逻辑主线展开研究，有助于完善经济高质量发展的理论体系、为探寻经济高质量发展的实现途径和保障措施提供理论依据。

（二）实践意义

第一，研究我国西南民族地区经济高质量发展问题，对于落实党和国家对云南、广西、贵州等西南民族地区在国家发展全局中的战略定位具有重要的现实意义。国家对广西的定位是：面向东盟的国际大通道、西南中南地区开放发展新的战略支点和"一带一路"有机衔接的重要门户；国家对云南的定位是：民族团结进步示范区、生态文明建设排头兵、面向南亚东南亚辐射中心。国家对贵州的定位是：大数据综合试验区、生态文明建设试验区、扶贫开发攻坚示范区。落实这些战略定位，离不开经济高质量发展。深入研究上述地区经济高质量发展的现状水平、薄弱环节，有利于探索战略定位的实现路径。

第二，研究我国西南民族地区经济高质量发展问题，对于解决该区域经济发展中的难题以及更好满足人民美好生活需要具有重要的现实意义。随着我国社会主要矛盾的变化，人民群众对美好生活的向往迫切需要经济高质量发展。本书在全面测度我国西南民族地区高质量发展水平的同时，也揭示人民生活、社会福利、产品质量、公共服务等方面的不足和短板，解决这些问题，弥补民生建设的短板，对提升经济发展质量、满足人们美好生活需求具有重要的现实意义。

第三，研究我国西南民族地区经济高质量发展问题，对于该区域因地制宜、循序渐进、科学合理地编制并实施经济社会发展规划具有重要的现实意义。通过对我国西南民族地区特别是广西各维度、各指标的全面测度，可以揭示其经济高质量发展的总体态势及其空间分布规律，为该区域推进经济高质量发展提供切实可行的路线图、指示图甚至施工图，并可为其他地区相关政策的制定提供参考。

第二节 范畴界定

一、西南民族地区

我国西南民族地区是一个相对宽泛的概念，包括中国西南部少数民族聚居的广大腹地。邓小平在谈西南少数民族问题时提到"西南的国境线从西藏到云南、广西,有几千公里"①。西南大学张诗亚教授认为,西南民族地区跨越我国地势一、二、三级阶梯,从世界屋脊的青藏高原到北部湾。西南地区民族文化资源丰富,这里居住着全国 2/3 以上的少数民族人口,其中,广西、云南、贵州的少数民族人口数量位居全国前三名。国务院发展研究中心认为,东、中、西部区域划分方法已经不合时宜,提出将内地划分为东部、中部、西部、东北四大板块,并可将四个板块划分为东北地区(黑龙江、吉林、辽宁)、北部沿海(北京、天津、河北、山东)、东部沿海(江苏、浙江、上海)、南部沿海(福建、广东、海南)、黄河中游(陕西、山西、河南、内蒙古)、长江中游(安徽、湖北、湖南、江西)、大西南地区(广西、云南、贵州、四川、重庆)、大西北地区(新疆、西藏、青海、甘肃、宁夏)八大综合经济区。因此,本书界定的西南民族地区主要包括广西、云南、贵州、四川和重庆 5 省(自治区、直辖市)。其中,广西是本书的主要研究对象。另外,由于云南、广西、贵州地域相连、特色相近、经济发展水平大致相同,在研究过程中多有论及。

在大西南地区,四川是人口大省和经济大省,常住人口超过 8300万,2019 年地区生产总值(GDP)为 46615.8 亿元,居全国第六位;重庆是直辖市,有明显的政策优势和人才优势,2019 年重庆市人均GDP 为 75828 元,是广西的 1.8 倍。相对于四川和重庆,云南、广西、贵州由于历史、区位、观念和政策等条件的限制,经济发展更为滞后。2019 年云南、广西、贵州的地区生产总值分别为 23223.75 亿元、21237.14 亿元、16769.34 亿元,在全国 31 个省份(港澳台地区除外)中依次排名第 18 位、第 19 位、第 22 位,人均地区生产总值分别为47944 元、42964 元、46433 元,在全国 31 个省份(港澳台地区除外)中依次排名第 24 位、第 29 位、第 25 位。但是,云南、广西、贵州地区生态环境良好,云南、广西、贵州的森林覆盖率分别为 55.04%、

---

① 邓小平文选.第一卷 [M].北京:人民出版社,1994:161.

60.17%、43.77%，在全国 31 个省份（港澳台地区除外）中依次排名第 6 位、第 3 位、第 10 位，省会（首府）城市空气质量达到二级及好于二级的天数分别为 356 天、346 天、358 天，在全国 31 个省份（港澳台地区除外）中依次排名第 4 位、第 5 位、第 3 位①。由此可见，绿色发展是云南、广西、贵州等西南民族地区最大的优势。

二、经济增长

（一）经济增长的内涵

经济增长是指一个国家或地区在一定时期内包括物质生产和服务的总产出与前期相比实现的增长。总产出通常用国内生产总值（GDP）来衡量，测度经济增长最核心的指标是 GDP 增长率，因此，经济增长更多是强调"数量"和"速度"的范畴，较少关注"质量"。

在马克思主义政治经济学中，经济增长与生产力的发展紧密联系在一起。生产力的发展主要取决于一个国家或地区的自然资源禀赋、物质资本的数量累积与质量提升、人力资本的数量累积与质量提升、科技创新水平及相关制度环境。生产力的发展必然会促进经济增长，但经济增长由于统计口径的问题，可能存在一些并不促进生产力发展的无效增长，例如盲目投资、低水平重复建设，虽然可以在数据上拉动经济增长，但会造成资源浪费，无助于生产力的发展。另外，过度关注经济增长的速度，容易忽视经济增长的效率和质量，忽视为经济增长所付出的成本和代价。因此，有必要从能否促进生产力水平提升的高度，从效率和质量的角度，去审视和评价经济增长。这也是国家提出经济高质量发展的重要原因。

（二）经济增长的影响因素

从亚当·斯密（Adam Smith）开始，经济学家们热衷于探究经济增

---

① 以上数据来源于《中国统计年鉴 2020》。

长的源泉抑或影响因素，归纳起来主要包括以下几类。

1. 资本

资本在马克思主义经济学、西方经济学、会计学等不同领域有着不同含义的概念和范畴，这里抛开阶级属性，仅从资本作为经济增长驱动因素的角度，可以狭义地将其定义为包括金融资本在内的物质资本，如货币、设备、厂房、存货、商品等，也包括产权化、成本化的自然资源。在现实生活中，资本总是表现为一定的物，因此，资本具有"财富"的属性，资本的多寡决定着一个国家或地区进行经济活动特别是生产活动的规模，从某种意义上说，资本是不可或缺的生产要素，资本的投入是经济增长的重要前提。需要注意的是，资本的存量、储蓄率及投入资本在新旧、性能等方面的差异都会对经济增长产生影响。

资本积累既是经济增长的源泉也是经济增长的结果。西方发达国家的资本积累，一手"沾满工人阶级血汗的剩余价值"、一手通过殖民和掠夺获取的他国财富，借此更早地完成了资本的原始积累是其经济领先的根本原因。新中国成立后特别是改革开放以来，党和国家带领全国人民经过艰苦卓绝的努力，创造了大量的物质财富，完成了初步的资本积累，为经济可持续增长提供了重要的支撑，也为中国人民"富起来""强起来"以及中华民族伟大复兴的实现奠定了坚实的物质基础。

重视资本积累的规模和速度，努力提升资本投入的效率和效益，是促进经济增长的重要途径。与此同时，也必须注意到：资本的本质是"获得利润"，"逐利"是其天然属性。一方面，在边际报酬递减规律的作用下，资本会在不同行业、不同地区甚至不同国家之间流动，这在一定程度上有利于资源配置的优化；但另一方面，对资本的贪婪和非理性，必须进行有效的管制。因此，我们在追求经济增长、完善社会主义市场经济体制的过程中，既要尊重资本积累的客观规律，也要扼制资本的无序扩张。

2. 劳动

劳动是劳动力的代指。劳动力可以从数量和质量两方面来衡量。人口增加、就业率增长、劳动时间增加都会促进劳动力数量的增加；教育、培训、体育锻炼可以提高劳动力的文化水平、技术水平和健康水平，进而提高劳动力质量，也可以称之为人力资本的积累。

从劳动力数量的角度来看，各个国家或地区人口分布及人口年龄结构的差异，以及经济发展阶段的不同，会造成劳动力规模大小和成本高低的显著差异，而这种差异显然会对经济增长产生重要影响。劳动力资源丰富、价格低廉，是一种比较优势，通常被称作人口红利，我国改革开放以来经济上取得的巨大成就，其中很重要的一个原因就是发挥了人口红利的作用。但是，随着我国经济发展水平的提高、劳动力价格方面的优势越来越小；随着人口老龄化的加剧和生育率的走低，劳动年龄人口占比呈下降趋势，我国传统意义上的人口红利正在消失。因此，亟须提高人口素质，通过教育、卫生和健康等手段提高人力资本价值，从质量层面发挥人口红利优势，从而助力我国经济可持续、高质量发展。

从劳动力质量的角度来看，劳动者的知识技能、文化技术水平与健康状况等决定着劳动生产率，而劳动生产率的高低是经济增长或经济发展水平最重要的影响因素之一。最早提出人力资本概念的是诺贝尔经济学奖得主西奥多·W. 舒尔茨（Theodore W. Schultz），他分析了人力资本形成的方式，以及人力资本形成途径，将教育对经济增长的贡献以及教育投资的收益率纳入了规范的定量研究范畴。他指出，在经济增长中，人力资本的作用大于物质资本的作用。教育投资是人力资本形成的重要形式，因此，教育投资对经济增长起着重要的作用。

从劳动整体性的角度来看，弗朗斯瓦·魁奈（Francois Quesnay）认为人是构成财富的第一因素，威廉·配第（William Petty）最先提出和论证了劳动决定价值的思想，大卫·李嘉图（David Ricardo）明确指出劳动是价值的唯一源泉，机器和自然物不能创造价值，并进一步提出了商品价值量取决于劳动时间的理论。马克思继承了古典经济学家的某些理论，并创造性地提出了劳动价值论，马克思在肯定劳动是创造社会财富的主要源泉的基础上，论证了劳动的二重性和商品的二重性，并从劳动力价值构成的角度，将劳动分为生产性劳动和非生产性劳动。同时，马克思还指出，教育与科学技术可以提高人的智力和技能，是生产力的重要来源。

3. 技术进步

广义的技术进步主要包括基础科学的进展、知识和理论在社会生产中的应用、新技术新工艺的发明与采用、规模经济以及人力资源配置效率的提高等。

在新古典经济增长模型中，"技术进步"以"索洛剩余"的形式出现，实际上衡量的是除资本和劳动以外的其他因素对经济增长的总贡献，其中也包括制度和结构因素的改善。在规模收益不变和希克斯中性技术①假设下，通过索洛残差法可以估算代表技术进步的全要素生产率。当然，由于假设条件的现实约束，这样测度的全要素生产率不可避免地存在估算偏差。因此，罗默（Paul Romer，1986）和卢卡斯（Robert Lucas，1986）建立了内生技术变革的长期增长模型，把技术进步作为内生变量引入经济增长的模型中，认为包括经济制度变迁在内的技术进步是推动长期经济增长的最主要原因。制度经济学、演化经济学则进一步考察了制度、市场、分工、经济结构变迁等因素对经济增长的影响，试图打开"索洛剩余"的"黑箱"。

综上可见，经济增长不是由单一因素决定的，而是由多因素共同作用、相互作用的，是由复杂的、系统化的经济环境所决定的。但是，每个驱动因素在特定环境下的作用和影响仍然值得深入研究，以便为国家和政府提供政策制定或政策取向的理论依据。

（三）经济增长的方式

经济增长方式通常指决定经济增长的各种要素的组合方式以及各种要素组合起来推动经济增长的方式。

---

① 希克斯（Hicks）中性，指不改变资本和劳动的边际产量之比率的技术进步。总量生产函数的希克斯中性，即技术变化项保持要素边际替代率不变，仅仅增加或减少由给定投入所获得的产出。

按照马克思的观点，经济增长方式可归结为内涵扩大再生产和外延扩大再生产两种类型。"如果生产场所扩大了，就是在外延上扩大；如果生产资料效率提高了，就是在内涵上扩大。"① 也就是说，外延扩大再生产是指主要依靠增加生产要素的投入来扩大生产规模的再生产；内涵扩大再生产是指主要依靠技术进步、改善生产要素的质量和提高劳动生产率来扩大生产规模的再生产。

现代经济学从不同的角度将经济增长的方式分成两类，即粗放型经济和集约型经济。粗放型经济增长方式是指主要依靠增加资金、资源的投入来增加产品的数量，从而推动经济增长的方式。集约型经济增长方式则是指主要依靠科技进步和提高劳动者的素质来增加产品的数量和提高产品的质量，从而推动经济增长的方式。

粗放型经济增长方式与外延扩大再生产类似，集约型经济增长方式与内涵扩大再生产有异曲同工之妙。需要注意的是，外延扩大再生产是内涵扩大再生产的基础，粗放型经济增长在工业化初期也具有历史的必然性，只有在经济规模扩张到一定程度、资源环境的约束日益严重的情况下，从粗放向集约、从外延向内涵的转变才具有内在的动力和现实可行性。与此同时，不管在哪个阶段，两种生产方式都是混合在一起的，只是不同的阶段某一种方式起主导作用。

当前，我国经济正处于由外延扩大再生产起主要作用向内涵扩大再生产起主要作用转变的关键时期。因此，大力发展内涵扩大再生产，有利于节省投资、节约原材料和燃料动力的消耗、提高现有技术设备利用率；有利于采用新技术、新工艺，提高劳动生产率；有利于促进企业不断改善经营管理、提高经济效益；有利于促进国民经济高质量发展。

（四）经济增长的调节政策

为了维持总供给与总需求平衡，促进经济持续、健康、稳定地增

---

① 马克思恩格斯选集.第二卷［M］.北京：人民出版社，2012：352.

长，各国政府通常会根据不同的经济形势采用不同的财政政策、货币政策对经济增长进行调节。财政政策主要包括税制改革、税率调节、财政支出规模与结构调整、财政补贴与财政转移支付的范围及力度调整等；货币政策主要围绕着利率、贴现率、货币发行量、法定存款准备金、公开市场业务等方面展开。一般来讲，为了避免通货紧缩、经济衰退，政府倾向于采取积极的财政政策和宽松的货币政策；为了避免通货膨胀、经济过热，政府倾向于采取紧缩的财政政策和稳健的货币政策。

　　积极的财政政策和宽松的货币政策，在一定程度上可以促进经济增长。如：发行适度规模的政府债券，投向基础设施、基础产业和高新技术产业等，可以通过"扩散效应"和"乘数效应"拉动民间投资的快速增长，进而推动产业结构升级、促进区域经济平衡发展；通过税制改革、减税降费，减轻企业和居民负担，促进公司投资和个人消费，有利于涵养税源、促进经济可持续发展；在合理的限度内，扩大财政支出、增加财政赤字、扩大财政补贴的范围和财政转移支付的力度，有利于完善基础设施建设、提高公共服务水平和社会保障能力、体现国家产业政策的导向，通过政府投资带动民间投资能够创造更多的就业机会，有利于扩大需求、促进消费、优化产业结构，从而推动经济增长。货币政策方面，降息降准、增加货币供应量、放松信贷条件和规模，有利于缓解企业的流动性危机、降低企业的融资成本，进而激发市场活力、促进投资和就业、带动经济增长；汇率政策方面，汇率降低、本币贬值，使本国商品在国际市场上的价格更加低廉，有利于提高本国商品在国际市场上的竞争力，从而刺激出口和与之相关的就业机会，通过外向型经济拉动经济增长。当然，每一种政策都有其局限性，积极的财政政策容易引发财政危机，政府投资的效率也经常受到质疑；宽松的货币政策容易引发通货膨胀和债务危机，汇率贬值不利于进口，也容易加剧金融风险。因此，各种政策在不断变化的宏观经济形势下配套使用、有机衔接就显得尤为重要了。

三、经济发展

经济发展一般是指社会民众实际福利的增长过程，而不仅是社会财富和经济总量的扩张，经济发展更加关注经济结构、社会结构、投入产出效益、人民生活状况等质的方面。总之，经济发展是质和量两方面的综合考量，是在经济增长的基础上，追求经济结构、社会结构、经济效率和人民福祉持续优化的过程。

经济发展比经济增长的范畴更为广泛，包括质量、数量、结构、效益等多方面的内涵。经济发展是全面的发展，不是片面的增长；是辩证的发展，不是线性的增长。"经济发展"概念把发展经济学和增长经济学区别开来，把经济增长与经济社会发展统一了起来。

经济发展具体包括三层含义：一是经济规模和数量的增长，这里包含了对经济运行平稳、可持续的要求，维持一定速度的增长是经济发展的物质基础；二是经济结构的持续改进和不断优化，这里强调区域结构、城乡结构、产业结构、投资结构、收入结构、消费结构、技术结构以及人口结构等方面的优化；三是经济质量的改善和人民福祉的增进，这里包括经济效益提高、公共服务改进、生态环境文明、社会公平公正、文化教育繁荣、人的身心健康和幸福指数提高。

四、经济高质量发展

经济高质量发展，是党的十九大提出来的新表述，是我国当前和今后一个时期经济发展的战略目标，也是各地确定发展思路、制定经济政策、进行资源配置、推动经济发展的根本要求。

（一）经济高质量发展的必然性

从经济发展阶段和社会主要矛盾的角度看，改革开放初期我国生产力水平相对落后，人口众多、物资紧缺，人民群众的物质文化需求难以得到有效满足。因此，党和国家的工作重心是"以经济建设为中心"，经济发展要解决的首要问题是数量不足，需要"快"字当头。当前，经过改革开放40年的快速发展，我国经济综合实力已经跃居世界第二，人民生活水平得到显著提升，数量问题已经不是主要问题，我国经济社会发展进入了由大向强转变的新阶段。与此同时，新阶段也面临着新问题：生产力发展的制约因素更多表现为经济社会发展不平衡不充分，特别是表现为经济结构性矛盾尖锐、生产效率性问题突出、社会民生建设滞后和资源环境约束趋紧等。而且，人民群众对美好生活的向往日益多元化，在物质丰富、精神文明的基础上，对民主法治、公平正义、生态环境、社会和谐等方面都有了更多更新的诉求。另外，从党的初心和使命角度看，中国共产党是人民的政党，全心全意为人民服务是党的宗旨。"为中国人民谋幸福，为中华民族谋复兴"的初心和使命，要求全面实现小康的路上不少一户、不落一人，必须打好脱贫攻坚战，促进各地区、各民族平衡发展。从国际环境和国际竞争的角度看，随着改革开放的不断深入，我国与发达国家的差距逐步缩小，在部分领域已经由"跟跑"演变成为"并跑"甚至"领跑"的角色，比较优势下的技术外溢效应越来越不明显，美国单边挑起贸易战、科技战等经济霸权主义行径的背景下，关键核心技术被"卡脖子"的现象非常突出。与此同时，我国劳动力等生产要素的价格不断上升，资源环境的压力越来越大，以投资拉动为主的粗放型增长方式难以为继，贸易保护主义和逆全球化思潮下的国际市场波动风险日益加大。因此，转变发展方式、转换发展动能，秉承新发展理念、构建新发展格局，势在必行。综上可知，经济高质量发展既是适应我国现实经济环境和社会主要矛盾变化的必然要求，也是新时代新常态下党和国家战略决策的主动选择。

（二）经济高质量发展的内涵

经济高质量发展是以"满足人民美好生活需要"为宗旨，以创新、协调、绿色、开放、共享的新发展理念为引领，以供给侧结构性改革为主线，以质量变革、效率变革、动力变革为基本路径，以生产要素投入少、资源配置效率高、资源环境成本低、经济社会效益好为主要特征，以建设现代化经济体系为战略目标的，能够推动经济、政治、文化、社会、生态文明"五位一体"全面可持续发展的发展方式。

经济高质量发展的内涵可以从宏观、微观和新发展理念等多个层面进行理解。

宏观层面，一是要求国民经济运行稳健，在国际上保持一定的规模和速度优势，避免出现经济过冷过热、大起大落的波动，这既是在发展中解决发展问题的内在要求，也是持续提升综合国力、实现中华民族伟大复兴的必然选择。二是要求整体经济平衡、协调发展，保持国民经济重大比例关系的合理性，追求经济增长方式的集约性，不断推进城乡之间、区域之间协调发展。三是要求充分发挥"有效市场"和"有为政府"两方面的优势。让市场在资源配置中起决定性作用，减少政府对市场的直接干预，建立法治化的市场经济，消除所有制歧视，打破行业垄断、进入壁垒和地方保护；政府作用则主要体现在坚持社会主义方向，牢牢掌控关系国民经济命脉的关键领域和战略资源，根据国内外形势做好宏观经济调控和重大风险防范，营造廉洁高效的服务环境，建设与市场接轨的制度环境，打造宽松优惠的政策环境，塑造公正安全的法治环境，构建包容开放的社会环境。四是要求经济发展环境的持续优化，这里面既包括国家整体生态环境的优化，也包括经济体制机制相关的营商环境的优化，还包括增进人民福祉的社会环境的优化。

微观层面，一是要求充分激发各类微观经济主体的活力，围绕经济效益、技术创新、制度创新、商业模式创新、管理创新、风险防范、公司治理、品牌建设、人才队伍建设等方面努力培育企业的核心竞争力，力争打造一批具有全球一流影响力和竞争力的企业，从而推动产业规模不断壮大、产业结构不断优化、产业链附加值不断提升，同时强化供应链的安全性。二是要求多管齐下提升产品质量、服务质量和工程质量，通过供给侧结构性改革扩大优质增量供给，通过"三去一降一补"清除"僵尸企业"和落后产能，通过财税金融体制改革引导各类资源向创新企业和战略新兴产业集聚。三是保就业、降负担，努力提高城乡居民可支配收入，调节过高收入，取缔非法收入，增加居民财产性收入，扩大中等收入群体，为扩大内需、形成"国内大循环为主体、国内国际双循环相互促进"的新发展格局奠定基础。为此，需要在初次分配中向工薪阶层倾斜、向劳动收入倾斜，在二次分配中向农村倾斜、向基层倾斜、向欠发达地区和困难群众倾斜，在三次分配中做大慈善等社会公益事业，调动全社会力量济困扶弱。

新发展理念层面，一是要求科技创新对经济发展的贡献度越来越高，基础科学、战略产品和关键核心技术方面有重大突破，使创新驱动成为经济发展的核心动力。二是要求区域经济空间布局更加合理，城乡经济发展更加协调，在尊重区域差异、功能差异的基础上通过更加完善的制度安排，建立各利益主体的平衡协调机制。三是要求资源利用效率和环境治理水平不断提高，并通过完善的绿色发展评价指标体系进行监督和考核。四是要求对外开放的水平更高、质量更好、效益更佳、范围更广、结构更优，在国际分工中向价值链更高的环节不断攀升。五是要求以人民为中心，全面提升医疗、教育、住房、就业、养老等公共服务供给水平，解除人民群众消费的后顾之忧，增强人民群众的幸福感和获得感。

第三节　研究内容与研究方法

一、研究内容

本书共八章，逻辑主线是运用马克思主义政治经济学的研究方法，在广泛梳理国内外研究现状的基础上，深刻解析马克思主义政治经济学、中国特色社会主义理论体系及习近平新时代中国特色社会主义经济思想中关于经济增长与经济发展的重要理论，并将之作为本书的指导理论；广泛吸收新古典增长理论、新增长理论、区域经济学等经济发展理论，并将之作为本书的借鉴理论。在此基础上，结合西南民族地区的共性特点，以广西为例，从宏观、微观和新发展理念等多个层面厘清广西经济高质量发展的现实基础。然后将理论与实践相结合，深入剖析经济高质量发展的内在要求和影响因素，将层次分析法、功效系数法、熵值法、TOPSIS法、空间分析法等方法引入经济高质量发展的评价测度体系中，构建整体区域评价和具体产业评价相结合的多维度、多层次、立体化的高质量发展评价体系并进行实证分析，从而揭示我国西南民族地区经济高质量发展的总体态势、特定地区特色产业的发展水平及空间分布规律，以确定广西等西南民族省区经济高质量发展的薄弱环节和发展瓶颈。最后，在充分掌握实际情况的基础上，以新发展理念为指导，从创新驱动、人力资本积累、"城乡—区域—产业"协调发展、节能减排打造绿色生态新高地、主动融入"双循环"营造对外开放新格局、共建共享切实增进人民福祉等方面，提出促进广西经济高质量发展的对策建议和保障措施。以此推动我国西南民族地区经济高质量发展，并为全国的高质量发展作出贡献。

第一章 绪论。主要介绍选题的背景、研究的理论价值和现实意义，界定基本概念和研究范畴，提出研究内容和研究方法，以及本书的创新点与不足。

第二章 文献综述。系统回顾国内外关于经济增长、经济发展、经济高质量发展的理论成果，并作简要评述。

第三章 我国西南民族地区经济高质量发展的理论基础。主要包括指导理论和借鉴理论两大部分。指导理论主要是指马克思主义政治经济学、中国特色社会主义理论体系、习近平新时代中国特色社会主义思想中关于发展的理论。借鉴理论主要是指新古典增长理论、新增长理论以及区域经济学中关于发展的相关理论，为接下来的经济现象分析奠定理论基础。

第四章 我国西南民族地区经济高质量发展的现实基础——以广西

为例。理论联系实际是马克思主义政治经济学的一贯风格，毛泽东同志指出：没有调查就没有发言权。因此，摸清我国西南民族地区经济高质量发展的现实基础，是研究能否深入，结论是否有价值的关键。为了更加有的放矢，本书以广西为例，从宏观、微观和新发展理念三个视角深入剖析广西经济高质量发展的现实基础。宏观视角，重点关注经济发展水平、人力资本、物质资本、基础设施、自然资源等方面；微观视角，重点关注企业活力状况、居民生活状况以及产品服务质量等方面；新发展理念视角，重点关注创新发展、协调发展、绿色发展、开放发展、共享发展等方面。

第五章 我国西南民族地区经济高质量发展的评价体系及测度分析。主要由两部分构成：一是从一般性出发，在新发展理念引领下进行全国性整体评价，目的是分析西南民族地区在全国所处的位置、存在的差距，以找出横向比较的薄弱环节和优化策略；二是从特殊性出发，在差异化视域下对西南民族地区特色产业的发展质量进行具体评价，目的是分析西南民族地区旅游业、先进制造业、现代农业等特色产业高质量发展的现状、问题和今后优化的策略。整体评价运用德尔菲法结合层次分析法进行指标赋权，基于功效系数法计算经济高质量发展指数，并进行实证分析。具体评价以广西的特色优势产业旅游业为例，在全面分析新冠疫情对广西旅游业的冲击强度和恢复程度的基础上，采用熵值法结合 TOPSIS 法，构建广西旅游业高质量发展评价测度体系，并进行实证分析。

第六章 我国西南民族地区经济高质量发展的薄弱环节及瓶颈分析。以广西为例，依据广西经济高质量发展的现实基础和评价测度结果，从新发展理论五大维度视角，找出制约广西经济高质量发展的薄弱环节和主要瓶颈，以便提出更有针对性的对策建议和保障措施。

第七章 我国西南民族地区经济高质量发展的对策建议及保障措施。依据广西经济高质量发展的现实基础、评价测度结果，特别是制约广西经济高质量发展的薄弱环节和主要瓶颈，提出有针对性和可行性的对策建议和保障措施。

第八章 结论与展望。主要是对全书的研究过程和观点进行总结与展望。

二、研究方法

本书的研究方法包括两个层次，一是方法论，二是具体的研究方法。在方法论上必须坚持马克思主义政治经济学的基本原理，必须坚持历史唯物主义和辩证唯物主义的思想逻辑，必须坚持以习近平新时代中国特色社会主义经济思想为指导，必须坚持问题导向和人民立场，必须坚持采用辩证的、联系的、发展的观点思考问题。本书的具体研究方法包括文献分析法、调查研究法、定量和定性分析相结合的方法、比较分析法以及历史与逻辑相互统一的分析法。

（一）文献分析法

文献分析法为本书的深入研究奠定学术基础，特别是互联网技术、大型数据库以及各种图书资料、报刊所提供的相关研究成果，为本书提供了便利条件。通过文献查阅、网络检索等方式归纳经济高质量发展、经济增长和经济增长质量等方面的研究成果，并梳理我国西南民族地区高质量发展等相关的政策文件。

（二）调查研究法

调查研究法拟通过对我国西南民族地区特别是广西 14 个地级市旅游业等特色产业进行问卷调查，并结合深度访谈法获得广西 14 个地级市旅游产业发展质量的微观数据。

（三）定量和定性分析相结合的方法

定量分析拟通过运用层次分析法（AHP）结合功效系数法对包括西南民族地区在内的我国 31 个省份经济高质量发展指数进行测度，通过采用熵值法结合 TOPSIS 法对广西 14 个地级市 2009～2018 年旅游业高质量发展指数进行测度。定性分析主要是对以广西为代表的我国西南民族地区经济高质量发展的现实基础、影响因素、薄弱环节、发展瓶颈、实现路径、保障措施等方面进行研究。

（四）比较分析法

比较分析法包括时间维度纵向比较、空间维度区域比较、不同主体横向比较、计划与实际相比较等。本书拟广泛采用时间标准、空间标准和经验或理论标准进行对比研究。如采用 Arcgis 作图对比 2009 年和 2018 年广西 14 个地级市旅游业高质量发展水平的空间格局演变等。

（五）历史与逻辑相互统一的分析法

历史与逻辑统一的方法强调逻辑是历史发展的规律总结，历史需要逻辑来映射，逻辑需要历史来见证，历史与逻辑相统一为马克思主义经济学提供了宏大的研究视野和具体的研究方法。探索我国西南民族地区（广西）经济高质量发展的机理、制约因素和路径选择，需要用科学严谨的逻辑思维深入研究世界经济发展史的规律，透过纷繁复杂的现象，探寻经济发展的规律。

第四节　研究创新与不足

一、研究创新

（一）选题视角创新

现有文献中从全国层面、区域层面、产业层面研究高质量发展的比较多，但涉及企业、产品等微观层面，将整体区域评价和具体产业评价相结合的研究比较少。本书以我国西南民族地区——特别是广西为研究对象，从政治经济学的角度切入，构建整体区域评价和具体产业评价相结合的多维度、多层次、立体化的高质量发展评价体系，具有一定的新意。

（二）研究方法创新

以当代马克思主义发展观之新发展理念为统领，坚持理论与实践相结合、横向比较与纵向比较相结合、定量测度与定性分析相结合，运用马克思主义政治经济学的分析方法，将层次分析法、功效系数法、熵值法、TOPSIS法、空间分析法等方法引入经济高质量发展的评价测度体系，具有一定的新意。

（三）研究内容创新

以马克思主义基本原理为指导，以问题为导向，结合具体问题进行具体分析，力求透过现象、揭示规律、指导实践。围绕新发展理念五大维度全面刻画广西经济高质量发展的优势和劣势，并提出有针对性的应对措施。如：加强人力资源开发，建设"飞地"型科技研发中心，按主体功能区规划协调发展，基于资源禀赋选择比较优势产业，基于短周期技术理论确定战略性新兴产业，节能减排、打造生态经济绿色发展新高地，对内聚力，形成"龙头引领、双核驱动、三区统筹"的整体发展格局，对外开放，打造"南向北联东融西合"的全方位开放体系，坚定以人民为中心的根本立场，保护劳动者权益，限制资本的消极作用，落实惠民政策，推行基本公共服务均等化，推动更高水平的共享发展等。有力回应了广西经济高质量发展中的许多热点现实问题。

二、不足之处

本书的不足之处主要表现在以下几点：（1）理论功底不够扎实，

运用马克思主义政治经济学的基本原理分析解决现实经济问题的能力有待加强。(2)经济高质量发展测度指标体系可能存在不合理、不完备的地方，数据的可得性使研究受到一定的局限。(3)研究方法本身的局限性可能使测度结果的准确性受到一定影响，如专家咨询法结合层次分析法具有一定的主观性，功效系数法中满意值和不允许值的确定具有一定偶然性，熵值法结合 TOPSIS 法下数据的信息含量与现实的合理性可能并不完全吻合。(4)由于时间、精力等多方面的原因，本书仅对广西农业、工业（包括制造业）、服务业、房地产业、战略性新兴产业等，从现实基础、薄弱环节和发展策略等方面进行了定性分析，而没能够像旅游业一样，构建评价指标体系对上述具体产业的高质量发展情况进行全方位的测度和定量分析。这是本书的缺憾之一，也是今后努力的方向。

第二章

文 献 综 述

本章旨在广泛梳理国内外关于经济增长、经济发展、经济高质量发展的相关学术史及研究动态，并作简要评述，争取在吸收借鉴前人研究成果的基础上有所突破，以作出新的理论贡献和现实贡献。

第一节 国内研究现状

我国经济已由高速增长阶段转向高质量发展阶段，推动高质量发展是适应我国社会主要矛盾变化的必然要求，是我国当前和今后一个时期经济发展的战略目标和主要抓手。因此，党的十九大之后关于"经济高质量发展"的研究迅速成为经济热点和学术热点。

一、关于高质量发展的必然性与重要性的研究

从历史的逻辑分析，高质量发展的基础是发展。在马克思主义政治

经济学中，经济发展就是发展生产力问题。新中国成立前30年，我国确立了社会主义基本制度，建立起了独立的、门类齐全的工业体系和国民经济体系；改革开放以来，我国实现了持续40年的经济高速增长，为经济高质量发展奠定了较为坚实的物质基础。因此，过去的经济高速增长是现在转向高质量发展的前提和基础，这符合量变到质变的发展规律。1978年党的十一届三中全会作出了"以经济建设为中心"的重大决策，1989年提出"发展才是硬道理""发展是党执政兴国的第一要务"。这是符合中国国情和社会主要矛盾的科学论断，也正是在这一方针政策的指引下，我国经济发展取得了举世瞩目的成就。但与此同时，也产生了资源环境约束趋紧、城乡差距收入差距过大、产业结构不合理、区域经济发展不平衡等问题。1995年党的十四届五中全会提出经济增长方式要从粗放型向集约型转变，提出"在现代化建设中，必须把实现可持续发展作为一个重大战略"①。2002年党的十六大提出要走新型工业化道路②。2003年提出科学发展观，要求"坚持以人为本，树立全面、协调、可持续的发展观，统筹城乡发展、统筹区域发展、统筹经济社会发展、统筹人与自然和谐发展、统筹国内发展和对外开放"。③进入新时代后，要素成本上升、人口红利下降、资源环境的瓶颈约束日益明显，依靠要素驱动、投资驱动的高速增长不可持续，转向以新发展理念为引领的高质量发展成为历史的必然。

从现实的逻辑分析，经过多年的规模速度型粗放增长，我国经济发展对能源、资源和生态的影响已经达到或接近自然承载能力的上限。随着中国劳动力等要素成本的增加，传统要素对经济增长的驱动力和贡献度下降，加之发达国家"再工业化"和发展中国家的竞争，导致高端制造业回流、中低端制造业向拥有更低成本的发展中国家转移，产业上存在价值链低端位置锁定的风险，城乡区域发展和收入分配差距较大，

---

① 江泽民文选. 第一卷［M］. 北京：人民出版社，2006：463.
② 胡锦涛文选. 第二卷［M］. 北京：人民出版社，2016：368. 新型工业化道路要求科技含量高、经济效益好、资源消耗低、环境污染少、人力资源优势得到充分发挥。
③ 胡锦涛文选. 第二卷［M］. 北京：人民出版社，2016：143.

制度性成本偏高，要素市场改革迟缓，房地产泡沫、地方政府债务和金融脱实向虚的风险不断积聚，存在关键核心技术受制于人、创新力不足等问题（任保平，2018；盛朝迅，2018；卢现祥，2020）。与此同时，我国社会主要矛盾转化为"人民日益增长的美好生活需要和不平衡不充分的发展之间的矛盾"。发展不能满足的人民需要由"数量问题"转换为更加关注"质量问题"。因此，转变发展方式、优化经济结构、转换增长动力，促进我国经济高质量发展既是历史的必然，也是现实的选择。

二、关于经济高质量发展内涵的研究

关于高质量发展内涵，金碚（2018）认为其基本的经济学意义可以表述为：高质量发展是能够更好满足人民不断增长的真实需要的经济发展方式、结构和动力状态。高培勇（2020）认为高质量发展是一个不断寻求报酬递增机制的过程，其核心经济机制在于要素质量升级和创新。洪银兴（2019）指出，新发展理念是高质量发展的依据，规定了高质量发展的核心内容。同时，他认为高质量发展仍然有速度要求，从政治经济学的角度，高质量发展包含解放生产力、发展生产力和保护生产力三层含义。刘伟（2021）认为高质量发展本质上是要追求经济增速、结构、效率与风险等多维度的协调，其中，经济增速依然是一个重要维度。逄锦聚（2019）指出，高质量发展是满足人民美好生活需要的、共享的发展，是创新和效率提高的发展，是国民经济比例、结构协调，经济发展方式优化的发展，是绿色的发展、人和自然和谐相处的发展。国家发展改革委经济研究所课题组（2019）指出高质量发展的核心内涵是供给体系质量高、效率高、稳定性高。张军扩等（2019）认为高质量发展的本质内涵是高效率、公平和绿色可持续的发展。周文、李思思（2019）从马克思主义政治经济学的视角解析了高质量发展的内涵，即高质量的发展是物质资料生产方式顺应时代潮流的伟大转变，是生产力的发展与生产关系的变革的统一。综上可见，高质量发展的目标是满足人民日益增长的美好生活需要，高质量发展的特征是生产要素投入少、资源配置效率高、资源环境成本低、经济社会效益好，高质量发展的实践必须体现新发展理念，使创新成为第一动力、协调成为内生特点、绿色成为普遍形态、开放成为必由之路、共享成为根本目的。

三、关于经济高质量发展评价标准的研究

经济高质量发展的评价标准必须紧紧围绕其核心内涵展开，同时体现高质量发展的宗旨、主线、特征、战略目标和基本遵循，因此，必然要求从多维度、多层次、系统性等方面进行综合衡量。任保平、文丰安（2018）认为高质量发展的标准应包含经济发展的有效性、协调性、创新性、持续性和分享性等方面。简新华、聂长飞（2019）认为，经济发展质量高不高、好不好主要体现在产品和服务质量、经济效益、社会效益、生态效益和经济运行状态五个方面。张军扩等（2019）认为高质量发展的评价可以围绕"高效""包容"和"可持续发展"三个方面来展开。任保平、李禹墨（2018）认为创新水平、产业结构、供给体系、人民生活是经济高质量发展评价标准需要重点关注的领域。杨耀武、张平（2021）认为高质量发展要重点关注社会福利变化及其可持续性。程虹（2018）认为高质量发展的评价标准要强调效率，劳动生产率和全要素生产率（TFP）是评价经济高质量发展水平的两个非常重要的标准。王一鸣（2018）认为可以从宏观、中观和微观三个方面来评价高质量发展，宏观层面看国民经济整体效益和质量，中观层面看产业和区域发展质量，微观层面看产品和服务质量。

四、关于经济高质量发展测度方法的研究

一些学者从经济增长质量的狭义角度来理解高质量发展，认为经济

增长的质量主要表现为生产效率，因此使用全要素生产率（TFP）、绿色全要素生产率或劳动生产率来测度（郭庆旺和贾俊雪，2005；康梅，2006；高睿璇等，2019；余泳泽、杨晓章、张少辉，2019），或者通过人均 GDP、科技进步贡献率、福利生态强度等指标来衡量（陈诗一和陈登科，2018；徐现祥等，2018；肖周燕，2019）。尽管这些单独的指标不能充分反映高质量发展水平，但依然可以为构建高质量发展测度体系提供丰富的参考与启示。

更多的学者从高质量发展的系统性和全局性出发，构建了多维度的评价测度体系。如：师博、任保平（2018）在姆拉奇拉（Mlachila et al.，2014）研究的基础上，构建了包括增长的基本面和社会成果两个维度的中国省际经济高质量发展指标体系，并借鉴联合国人类发展指数和经济脆弱度指数，测度了 1992～2016 年中国省际经济增长质量指数。魏敏和李书昊（2018）围绕经济结构优化、创新驱动发展、资源配置高效等 10 个方面，构建了面向新时代的经济高质量发展水平测度体系，并利用熵权 TOPSIS 法进行了实证测度。结果显示，综合水平总体呈现"东高、中平、西低"的分布格局。李金昌等（2019）从社会主要矛盾的两个方面构建了高质量发展评价指标体系。张丽伟（2019）建立了微观、中观和宏观三个层面的经济高质量发展评价体系，但没能实际测度。张涛（2020）在高质量发展内涵阐释的基础上，构建了包含企业、行业、区域三个层面的宏微观一体化测度体系，并将传统统计数据与大数据结合起来，测算了东莞市制造业高质量发展水平，在方法和数据来源方面有一定的开创性。李梦欣和任保平（2019）、史丹和李鹏（2019）、刘瑞和郭涛（2020）、王伟（2020）等围绕新发展理念五个维度构建了高质量发展评价测度体系。徐志向、丁任重（2019）在新发展理念的基础上增加了总量维度构建指标体系。简新华、聂长飞（2020）从产品和服务质量、经济效益、社会效益、生态效益和经济运行状态 5 个方面构建了高质量发展指标体系，并对中国 1978～2018 年的高质量发展状况进行了测度。胡敏（2018）认为在构建指标体系的过程中，要广泛借鉴国内外比较成熟和广为接受的经济社会发展测评体系和最新研究成果，比如欧洲 2020 战略、日本新增长战略、韩国绿色增长战略、我国"全面建成小康社会"评价指标体系。周文、李思思（2019）认为不能单纯将第三产业发展比例视为经济"高级化"的表现，否则容易导致产业空心化、就业空心化和低端劳动"边缘化"等问题。杨耀武、张平（2021）认为经济发展质量状况大致可以从经济成果分配、人力资本及其分布、经济效率与稳定性、自然资源与环境以及与经济发展密切相关的社会状况几个方面来加以考察。

五、关于经济高质量发展路径选择与实现措施的研究

金碚（2018）认为要实现经济高质量发展，就必须坚定不移贯彻创新、协调、绿色、开放、共享的新发展理念，必须基于新发展理念进行新的制度安排。高培勇（2019）指出，高质量发展有着一系列实实在在的内容，要秉持新发展理念，以供给侧结构性改革为主线。逄锦聚（2019）指出，推动经济高质量发展当务之急是要建设现代化经济体系，具体包括产业体系、市场体系、城乡区域发展体系、收入分配体系、绿色发展体系、全面开放体系和经济体制七个部分。蔡昉（2018）指出当前我国经济进入新常态，人口红利逐渐消失，经济增速有所减缓。未来中国经济增长要靠全要素生产率，而提高全要素生产率关键需要在户籍制度、企业制度、教育制度、生育政策、财税体制和金融监管体制等领域深化改革。王一鸣（2018）提出了鼓励竞争、鼓励创新、加强产权保护、推进要素市场改革、深化教育体制改革、扩大对外开放等推动高质量发展的十大策略。安淑新（2018）也从要素市场化、产权保护、政府作用、创新机制、财政体制、社会保障、扩大开放等方面，提出了高质量发展的实现路径。任保平、李禹墨（2018）认为培育创新主体、培育名牌产品、发展战略性新兴产业、打造创新激励机制，是培育高质量发展新动能的主要路径。林兆木（2018）认为高质量发展要求：保持国民经济重大比例关系协调，空间布局比较合理，生

产、流通、分配、消费各环节循环顺畅。贾根良（2018）认为高质量发展应该从价值链高端入手，实施以"价值链"为重点的产业政策。侯鹏（2018）认为实现高质量发展，要求破除价值链低端位置锁定和经济增长的困境，坚持创新引领、发挥大国优势、主导价值链分工。侯为民（2018）认为做强做优做大国有企业和国有资本，带动民营资本做强和做优，是我国在新时代条件下实现资源配置整体效率最优、推动经济高质量发展的科学路径。彭五堂、余斌（2019）认为实现高质量发展要强化党的全面领导和顶层设计、践行新发展理念、提高低收入群体收入、打造国有企业在主导产业和关键行业的主导地位。张俊山（2019）基于马克思主义政治经济学的视角分析指出，推动经济高质量发展必须坚持社会主义方向，从技术基础、部门功能和比例、国家和政府作用、振兴农业基础及转变消费方式等多方面作出努力。此外，杨志安、邱国庆（2019）研究发现，财政分权显著抑制了经济高质量发展，主张优化地方政府政绩考核机制、有效约束地方政府扩张性支出行为，陈彦斌、王兆瑞（2020）给出了提升居民消费推动中国经济高质量发展的具体路径和措施。

六、关于特定区域、特定产业经济高质量发展的研究

我国要实现经济高质量发展，既需要宏观的战略指引和顶层设计，也需要基于特定区域、特定产业的具体实施方略。这方面的研究成果也比较丰富。

（一）基于特定区域视角的高质量发展研究

易淼（2018）基于马克思主义政治经济学流域分工理论的视角，分析了长江经济带高质量发展问题，主张在流域分工新格局构建中实现"共同利益—特殊利益"关系均衡。杨仁发、杨超（2019）对长江经济带 108 个城市高质量发展进行了测度，结果显示：特大城市高质量发展

水平远高于大城市和中小城市，在空间上呈现明显的圈层扩散分布格局。刘瑞、郭涛（2020）构建了高质量发展指数，分析了东北经济高质量发展水平，认为开放发展不足是东北经济的共同问题，未来重点是扩大开放发展，积极参与"一带一路"建设、推动东北亚区域一体化。安树伟、李瑞鹏（2018）也对东北经济高质量发展问题进行了研究，认为产业高质量发展是东北振兴的关键。徐辉等（2020）对黄河流域省际高质量发展水平的测度结果显示：基本呈现"两边高、中间低"的空间分布。马海涛、徐楦钫（2020）也得出了类似的结论，认为黄河流域城市群存在"中部塌陷"的现象，中原和晋中城市群发展质量不高。师博（2020）进一步指出了黄河流域中心城市高质量发展的路径：发展创新驱动体系、壮大现代化产业体系、完善公共产品和服务供给体系、培育绿色发展体系、强化硬件保障体系。李国平、宋昌耀（2018）研究了雄安新区经济高质量发展问题，提出了"优质承接、枢纽城市、创新发展、智慧宜居"四大战略。母爱英、徐晶（2019）对河北省县域经济高质量发展水平进行了评价，指出发展质量较高的县主要集中在唐山，发展质量较低的县主要集中在石家庄和保定。杨柳青青、李小平（2020）测度评价了我国少数民族地区高质量发展水平，认为绿色发展和开放发展对少数民族地区的拉动作用最显著。

（二）基于特定产业视角的高质量发展研究

师博、韩雪莹（2020）测度了我国实体经济高质量发展水平，结果显示：2017 年技术含量更高的通信设备、计算机及其他电子设备制造业成为实体经济中发展质量最高的行业，石油加工、炼焦及核燃料加工业、黑色金属冶炼及压延加工业以及非金属矿物制品业等技术附加值较低、污染排放大的行业发展质量较低。辛岭、安晓宁（2019）测度和分析了我国农业高质量发展水平，指出自然资源禀赋与经济发展水平是影响农业高质量发展的重要因素。胡志平（2019）认为转向经济高质量发展阶段后，需要强化以公共服务促增长并成为经济增长新动力的意识，扭转政府行为偏向，推动农村公共服务高质量供给。郭朝先（2019）认为中国工业发展存在"关键领域的技术创新能力不足，基础研究投入不足；要素成本上升，企业盈利能力下降；产能过剩问题严重，经济运行风险加大；增长方式相对粗放，质量和效率亟待提高；国际竞争中面临'双端挤压'，经贸摩擦加剧"等诸多问题，应从产业政策转型、推进供给侧结构性改革、强化人力资本积累等方面促进工业的高质量发展。江小国等（2019）的研究表明 2015 年后我国制造业高质量发展水平上升速度加快，主张从发展动力、生产方式、产品模式、支撑行业、配套产业等方面继续提升。陈瑾、何宁（2018）从技术创新、资产配置、两化融合等方面构建了装备制造业产业升级评价指标体系，并提出了促进中国制造业升级的路径和建议。张月友等（2019）认为产业结构服务化有利于我国全要素生产率的提升，应及时从发展基于全球价值链（GVC）下的制造业全球化转向嵌入全球创新链（GIC）的服务业全球化。吕腾捷（2020）基于效率分解的视角，运用 DEA 模型、超效率－SBM 模型、Malmquist－Luenberger 指数和 Tobit 回归等方法，对我国 31 个省份旅游业高质量发展水平进行了测度。魏敏、李书昊、徐杰（2020）从六个维度构建了旅游业高质量发展的竞争力测度体系。张新成（2020）基于新发展理念测度了黄河流域旅游产业发展实际与高质量目标的偏离程度。

第二节　国外研究现状

国外与"经济高质量发展"相关的研究，主要集中在经济增长、经济发展、经济增长的驱动因素、经济增长质量、经济发展可持续性，以及创新发展、绿色发展、社会福利等方面。系统梳理上述研究演进的历史脉络，吸收借鉴其中的经验教训，对促进我国经济高质量发展有重要的参考价值。

一、关于经济增长内涵及其决定因素的研究

亚当·斯密在《国富论》中探究了国家财富的来源和经济增长的影响因素，认为劳动和资本的数量（生产要素供给）、劳动生产力（生产力水平）和市场范围及规模（社会需求）都会影响到经济增长。他主张进行资本积累、增加生产性劳动的数量、通过社会分工提高劳动生产力水平、通过对外贸易扩大市场需求，从而促进经济增长。当然，由于资产阶级立场和历史的局限性，斯密认为资本积累是经济增长的第一推动力，反对垄断和政府管制。大卫·李嘉图（1817）认为基于比较优势进行自由贸易可以促进国际分工、提高专业化水平，进而推动各国经济增长。

马克思阐明了资本积累的规律和一般趋势，指出剩余价值是资本积累的源泉，资本积累是扩大再生产的前提，因此，是工人阶级及其创造的剩余价值推动了扩大再生产（即经济增长）。但是，在这个过程中，随着资本有机构成的上升，资产阶级的财富和无产阶级的贫困不断积累，资本主义社会的主要矛盾最终阻碍了生产力的发展和经济增长。

新古典经济增长理论早期代表人物阿尔弗雷德·马歇尔（Alfred Marshall，1890）认为，人口、资本、技术水平的提高和分工协作的引入有利于促进经济增长。约瑟夫·熊彼特（Joseph Alois Schumpeter，1934）认为创新是经济增长的动力，技术革新和组织变革对经济增长有重要的推动作用。英国经济学家哈罗德（R. F. Harod，1939）和美国经济学家多马（E. D. Domar，1947）提出了"哈罗德—多马经济增长模型"，认为经济增长率随储蓄率（资本积累率）增加而提高，因此，可以通过提高投资（储蓄率）来促进经济增长；另一方面，经济增长率随资本－产出比扩大而降低，因此，可以通过提高资本生产率来促进经济增长。索洛和斯旺（Solow & Swan，1956）提出了"外生技术决定论——索罗－斯旺模型"，指出从长远来看，经济增长的决定因素是技

术进步。1960 年西奥多·W. 舒尔茨（Thodore W. Schults，1990）提出人力资本理论，认为人力资本是促进国民经济增长的主要原因，人力资本投资较其他方面具有更高的回报率。新增长理论的代表人物罗默（1986）和卢卡斯（1986）建立了内生技术变革的长期增长模型，认为知识积累促进技术变革，内生的科技创新是经济增长的原动力，也是经济增长的决定力量。

新增长理论强调知识、技术和人力资本，但是忽略了制度、市场等因素。以科斯（Ronald H. Coase，1931）为代表的新制度经济学派引入了"交易成本"这一范畴，提出科学的制度安排和有效的产权结构能够降低交易费用、提高资源配置效率，进而促进经济增长。但是，另一位新制度经济学代表人物诺斯（Dougfass C. North，1986）在对美国当代经济史的定量研究中发现：1870～1970 年美国的交易成本占 GDP 的比例从 25% 上升到了 50%，这就形成了"斯诺第二悖论"，也是整个制度经济学的悖论，即：理论上交易费用的下降是经济增长的关键源泉；实践中交易费用却在不断上升。演化经济学家纳尔逊和温特（Nelson and Winter，1982）运用演化的方法通过模仿者方程来模拟经济的结构变迁，指出选择过程导致的经济结构的变迁也是经济增长的动力。

此外，杨小凯、博兰德（Yang & Borland，1991）等认为分工、专业化、交易条件的改进是经济和贸易发展的关键驱动力。帕西内蒂（Luigi L. Pasinetti，1962）、罗斯托（Walt Whitman Rostow，1971）、罗宾逊（Joan Robinson，1973）、库兹涅茨（Simon Smith Kuznets，1971）和钱纳里（Hollis B. Chenery，1979）等经济学家认为结构效应是经济增长的重要源泉，特别是劳动和资本等生产要素，从生产率较低的部门向生产率较高的部门转移，能够促进经济增长。罗默（2000）认为：长期经济增长是由技术进步（含经济制度的变迁）贡献的，而短期经济增长是由资本和劳动等要素投入的增加所贡献的。泽拉（Zeira，2009），艾森和维加（Aisen & Veiga，2013），阿格波拉（Agbola，2014），格戈什（Ggosh，2017），尼贝尔（Niebel，2018）等学者分别探讨了教育、政治不稳定性、外商直接投资、人力资本、银行业全球化和信息通信技术等因素对经济增长的影响，为探究经济增长的动力源泉提供了依据。

综上可见，在漫长的经济发展史中，人们对经济增长的认识越来越全面和深刻，劳动、资本、分工、知识、技术、制度、人力资本、资源配置效率等因素都会对经济增长产生影响。正如马克思和恩格斯对社会发展的认识一样，经济增长也是多种因素"合力"的结果，每个阶段会有不同的特点，必须立足社会经济演变的历史文化和基本国情，从社会矛盾、生产要素、资本积累、科学技术、制度环境等多方面系统地分析影响经济发展的动力因素，才能更好地促进我国经济高质量发展。

二、关于经济增长质量及其评价体系的研究

自古典经济学经济增长理论起，经济学家们更加关注的是经济增长的速度和数量而非质量问题。然而，无论是工业革命初期还是二战后发展中国家追赶发达国家的经济发展实践都证明，一味追求经济增长的速度和数量，都带来了很多严重的问题，如生态环境遭到严重破坏、经济结构失衡、贫富差距拉大、资源浪费与资源短缺并存、社会不平等现象加剧、经济发展本真性扭曲、人被物欲所奴役等。因此，越来越多的经济学家开始反思，关注经济增长质量的研究逐步展开。1977 年苏联经济学家卡马耶夫最先提出了"经济增长质量"的概念，他认为单纯地追求生产量的增长是片面的、不可持续的，经济的增长还应注重产品质量、生产效率和消费水平的提高。并且在政治经济学的范畴下，他进一步探讨了经济增长的实质，指出关注经济增长数量和速度的同时，更要关注取得这一增长所付出的代价，要在经济增长速度与质量的相互联系中考查全部资源的利用效率。从某种意义上讲，卡马耶夫的"经济增长质量"是狭义的经济增长质量，主要关注要素投入与经济产出的效率。其实，这种思想与索洛（Solow，1956）、乔根森和格瑞利奇斯（Jorgenson & Griliches，1967）强调的全要素生产率（TFP）有相似之处。

广义上的经济增长质量被赋予了更多经济发展和社会进步方面的内容，既包括经济增长效率、经济结构调整，也包括生态环境、人民福利、可持续发展等方面的内容。如金德尔伯格（Kindleberger，1958）从增进物质福利、根除贫困、改善投入产出结构、提高劳动就业等方面来定义经济发展。1970 年联合国也提出了经济社会发展的评价指标体系；1987 年挪威前首相格罗哈莱姆·伦特兰（GroHarlem Brundtland）首次提出"可持续发展"的概念，倡导满足当前发展需要而又不削弱子孙后代发展需要，经济增长应建立在生态环境可持续、社会公正和人民积极参与自身发展决策的基础上（吕鹏，2019）。德内拉·梅多斯等（Donella H. Meadows et al.，1992，2004）指出人类发展方式已经超出了地球承载能力的极限，建议采取合理的经济环境政策、运用技术提高原材料和能源使用效率。温诺·托马斯等（Vinod Thomas et al.，1999）认为机会均等、环境可持续性、风险管理和结构治理能力是构成经济增长质量的关键性内容，并从福利、教育机会、自然环境、资本市场抵御全球金融风险的能力以及腐败等角度对各个国家或地区的经济增长质量进行了比较，指出以破坏环境、浪费资源等为代价的增长是缺乏质量的。罗伯特·巴罗（Robert J. Barro，2002）认为经济增长质量与经济增长数量紧密相关，并受社会、政治及宗教等多方面的因素影响，包括受教育水平、预期寿命、健康状况、法律和秩序发展的程度以及收入不平等。理查德·杜思韦特（Richard Douthwaite，2008）认为工业革命以来无限制的增长给资源、环境带来了灾难，毫无约束的增长是一种疾病。因此，需要重新定义发展，学会以更有效的方式配置资源。结束总量增长不仅有助于我们的生存，而且能够提高整体的生活质量。马丁内斯和姆拉奇拉（Martinez & Mlachila，2013）将高质量增长定义为强有力、稳定、可持续的增长，可以提高生产力，并产生社会所期望的结果，比如生活水平的提高，特别是贫穷的减少。姆拉奇拉（Mlachila，2017）等以发展中国家为研究视角，认为高质量增长是"高增长、可持续、社会友好型的增长"。

关于经济增长质量的评价指标，受索洛（1956）、乔根森和格瑞利奇斯（1967）的影响，张长征、孔锦（Zhang & Kong，2010）；梅林海、陈志豪（Mei & Chen，2016）等很多学者采用全要素生产率表征经济增长质量。但是全要素生产率仅关注了经济效率层面，特别是科技进步等因素对经济增长的贡献层面；对经济结构的合理性、经济发展方式的可持续性、经济发展代价的可承载性、经济发展成果分享的普惠性和公平性等方面均无法全面揭示，因此存在较大的片面性和局限性，不能反映一个地区经济增长质量的全貌。所以，越来越多的研究尝试构建多维度、多视角的综合测度体系来评价经济增长的质量。柒江艺（Qi，2016）构建的经济增长质量测度体系涵盖了规模、绩效、结构和协调等几个方面；弗罗洛夫等（Frolov et al.，2015）构建的区域经济增长质量评价体系，考虑了年均生产率增长率和人均发展指数等方面。国际组织和各国政府也推出了综合评价经济发展的指标体系，1978 年世界银行设计了一套涵盖经济和社会发展方面 32 个指标的经济发展指标体系。1990 年，联合国发布了《人类发展报告》，首次提出"人类发展指数"，即通过居民生活质量来评估一个国家的经济发展水平。2015 年联合国围绕经济、社会和环境三大支柱发布了 2030 年可持续发展目标（SDGs），设置了产业创新、优质教育、健康福祉、环境卫生、清洁能源、气候变化、减少不平等、负责任的消费和生产等 17 个可持续发展目标。此外，欧洲 2020 战略、美国新经济评价指标体系、日本新增长战略、韩国绿色增长战略，都是比较成熟的经济社会发展测评体系，可以作为我国经济高质量发展水平测度的重要参考。

第三节　国内外研究现状的简要评述

党的十九大之后，学者们从不同的角度，对我国经济高质量发展的必然性与重要性、高质量发展的内涵、评价标准、测度方法、实现途径以及特定区域、特定产业的经济高质量发展问题进行了较为深入的研究。国外没有"经济高质量发展"的提法，但是长期以来，关于经济增长内涵及其决定因素的研究、关于经济增长质量及其评价体系的研究积累了丰硕的成果。因此，上述成果为进一步探究我国西南民族地区经济高质量发展的评价体系与实现路径奠定了坚实的理论基础。

当然，现有研究也存在一定的不足。主要表现在以下几点：

首先，现有文献中从政治经济学角度阐述高质量发展的研究还比较少，但是高质量发展是我国当前和今后一段时期经济社会发展的主题，鉴于我国特殊的国情和文化、制度背景，中国经济高质量发展不可能照搬西方经济学的理论和方法，必须以现实问题为导向，坚持以人民为中心的根本立场。因此，从政治经济学的角度研究经济高质量发展问题，为相关政策制定和实施提供理论依据，就显得非常迫切而重要了。

其次，现有文献中从全国和宏观层面研究高质量发展的比较多，从区域和产业等中观层面研究高质量发展的也不少见，但是从企业、产品等微观层面研究高质量发展的比较少，考虑区域特色、产业特色、发展阶段、发展定位等因素，将整体区域评价和具体产业评价相结合研究高质量发展的就非常罕见了。因此，构建整体区域评价和具体产业评价相结合的多维度、多层次、立体化的高质量发展评价体系，并结合具体情况进行具体分析，提出因地制宜的、具有针对性和可行性的实现路径，就显然具有重要的现实意义。

再次，现有文献中从多维度、多视角构建高质量发展评价指标体系的研究比较多，比如有的围绕社会主要矛盾的两个方面构建指标体系，有的围绕宏观、中观、微观三个层面构建指标体系，有的围绕新发展理念五个角度构建指标体系，有的围绕"三大变革""五位一体"等构建指标体系，有的围绕前人成果和自身经验构建指标体系。上述情况一方面展示了百家争鸣、百花齐放的学术生态，但另一方面也反映指标体系的构建具有一定的随意性、不严谨和不科学性，目前还缺乏普遍公认的、权威的、科学的指标体系。此外，指标选取方面也存在一些问题，如反映微观主体活力、宏观调控效度、国有经济主导作用、各领域风险程度的指标比较少。因此，深入探究高质量发展的内在机理和本质要求，进一步完善指标体系的科学性和指标选取的有效性显得尤为重要。

最后，现有文献中从不同视角进行理论分析的较多，深度结合具体区域、具体产业实际情况的比较少；战略目标方面，讲统一原则的比较多，谈个性化、差异化的比较少；实现途径方面，讲应该做什么的比较多，谈具体怎么做的比较少；评价体系方面，构建指标体系进行定量测度的比较多，结合发展实践进行定性分析的比较少。此外，学术界与政府和实务界的沟通比较少，特别是地方层面，沟通的渠道也不够畅通；高质量发展评价的指标选取过度依赖统计数据的可获得性，容易造成重要变量遗漏甚至被数据绑架的现象；指标体系的完备性与系统性、权重分配的科学性与合理性，都有进一步提升的空间。因此，以广西为具体研究对象，以"满足人民美好生活需要"为宗旨，以新发展理念为指引，坚持理论与实践相结合、定量测度与定性分析相结合，运用马克思主义政治经济学的分析方法，深入探究我国西南民族地区（广西）高质量发展的战略目标制定、现状水平测度、困难瓶颈突破和实现路径选择等问题，就具有重要的理论价值和现实意义。

第三章

我国西南民族地区经济高质量
发展的理论基础

本章旨在深刻解析我国西南民族地区经济高质量发展的理论基础，为后面分析经济现象、构建评价体系、找出薄弱环节、提出政策建议奠定基础。

第一节　经济高质量发展的指导理论

我国经济高质量发展必须坚持以马克思主义政治经济学、中国特色社会主义理论体系特别是习近平新时代中国特色社会主义思想作为最根本的指导理论。

我国是一个有着十四亿人口的社会主义大国，社会主义的国家性质决定了"以人民为中心"的基本立场。"人民"是一个抽象的总体的概念，与西方经济学个体化的"经济人"不同。因此，在问题分析的视角、利益评价的标准、管理决策的依据等方面与西方也是截然不同的。马克思主义政治经济学是为无产阶级和广大人民群众谋利益的经济学，具有鲜明的阶级性，这与我国社会主义制度的内在要求是相契合的。

我国作为一个有着五千年历史的文明古国，正处于经济转型、社会变迁的社会主义初级阶段，特殊的历史文化、经济制度和特殊的发展阶段决定，我国的许多经济现象是其他国家的经济学没有解释过也解释不了的。在世界上最大的发展中国家建设富强、民主、文明的社会主义强国，也是前无古人、外无经验的。这就要求我们必须立足于中国实践、着眼于中国问题，坚持以马克思主义政治经济学的基本理论为指导，在错综复杂的国际环境、制度背景和世界百年未有之大变局中，努力探索中国经济发展和运行的新规律，进而构建具有中国特色、中国风格、中国气派的经济学理论。

一、马克思关于经济发展的相关理论

马克思关于经济增长和经济发展的论述主要集中在社会资本扩大再生产理论和资本有机构成理论中。社会资本扩大再生产理论揭示了资本主义条件下社会资本扩大再生产的内部矛盾，同时也揭示了商品经济条件下社会化大生产的一般规律，指出了社会资本扩大再生产的前提条件和实现条件。马克思的社会资本扩大再生产理论实际上暗含了宏观经济平稳运行、均衡增长的思想，是处理国民经济重大比例关系的理论基础，对"如何在宏观经济运行中实现经济增长""如何有计划按比例发展实现综合平衡"等问题给出了系统的论述。资本有机构成理论探讨了技术进步、资本有机构成变化、劳动力剩余、一般利润率下降等相关问题，阐明了社会劳动生产率提高条件下一般利润率下降的规律，揭示了资本主义条件下剩余价值的生产同剩余价值的实现之间的矛盾，也为人们分析市场经济条件下技术进步、劳动力剩余、利润率下降等因素对经济增长的影响提供了理论依据。

（一）社会资本扩大再生产理论

马克思的社会资本再生产理论从社会总产品的视角探讨了经济增长问题，认为简单再生产是扩大再生产的前提和基础，只有扩大再生产才能促进社会总产品的增长，即经济增长。社会总产品从实物形态上分为生产资料和消费资料两大部类，生产生产资料的企业归为第Ⅰ部类，生产消费资料的企业归为第Ⅱ部类；社会总产品在价值形态上分为不变资本 c、可变资本 v 和剩余价值 m 三个组成部分。

1. 扩大再生产的前提条件

第一，$Ⅰ(c+v+m) > Ⅰc + Ⅱc$，表明第一部类生产的生产资料必须大于两大部类简单再生产所需的生产资料。这一公式可以简化为：$Ⅰ(v+m) > Ⅱc$[①]，表明第一部类的可变资本价值与剩余价值之和，必须大于第二部类的不变资本价值，为扩大再生产提供可追加的生产资料。

第二，$Ⅱ(c+v+m) > Ⅰ(v+m/x) + Ⅱ(v+m/x)$，其中，$m/x$ 为资本家用于个人消费部分的剩余价值。表明第二部类生产的消费资料必须大于两大部类简单再生产所需的消费资料。这一公式可以简化为：$Ⅱ(c+m-m/x) > Ⅰ(v+m/x)$，表明第二部类的不变资本与用于积累的剩余价值之和，必须大于第一部类的可变资本与资本家用于个人消费的剩余价值之和，为扩大再生产提供可追加的消费资料。

2. 扩大再生产的实现条件

第一，$Ⅰ(c+v+m) = Ⅰ(c+\Delta c) + Ⅱ(c+\Delta c)$，表明第一部类生产出来的生产资料在满足两大部类简单再生产所需的生产资料的同时，还必须能够满足两大部类扩大再生产所需的生产资料。即，第一部类全部产品的价值必须等于两大部类原有不变资本价值和追加的不变资本价值之和。

第二，$Ⅱ(c+v+m) = Ⅰ(v+\Delta v+m/x) + Ⅱ(v+\Delta v+m/x)$，表明

---

① 马克思恩格斯全集．第 24 卷［M］．北京：人民出版社，1979：582．

第二部类生产出来的消费资料在满足两大部类简单再生产所需的消费资料的同时，还必须能够满足两大部类扩大再生产所需的消费资料。即，第二部类全部产品的价值必须等于两大部类原有的可变资本价值、追加的可变资本价值，以及资本家用于个人消费的剩余价值之和。

第三，根据前面两个公示可以推导得到 $Ⅰ(v + \Delta v + m/x) = Ⅱ(c + \Delta c)$，这是社会资本扩大再生产的基本实现条件。表明第一部类原有可变资本的价值、追加的可变资本价值与本部类资本家用于个人消费的剩余价值三者之和，必须等于第二部类原有的不变资本价值与追加的不变资本价值之和。

3. 社会资本扩大再生产理论的启示

首先，社会资本扩大再生产理论最直接的启示就是：经济要实现均衡增长，两大部类就必须保持适当比例关系，也就是说，两大部类比例或结构的合理性决定着宏观经济能否持续稳定地增长。这也是正确处理国民经济重大比例关系的理论依据。其次，马克思关于扩大再生产的分类，提示我们经济增长有两条途径，一是通过追加生产要素的数量，走规模扩张的外延式增长路径；二是通过技术、管理等提高生产要素的使用效率，走高质量的内涵式增长路径。

对社会资本扩大再生产理论进行扩展和延伸，还可以得出很多具有政策含义的启示。比如，在扩大再生产资本有机构成不变、两大部类剩余价值率相同的条件下，社会总产品的增长率即经济增长率，应该等于可变成本（工人工资）的增长率，同时也等于剩余价值的增长率。也就是说，宏观经济的均衡增长要求工人工资形式的劳动收入和剩余价值本质的资本收入必须同时增长，并且两者应该保持大致相同的增长率。否则，社会总产品的价值补偿或实物补偿将难以实现，容易造成经济循环不畅，进而影响经济增长。这一结论的启示是：首先，宏观经济增长率、工人工资增长率和企业利润增长率三者要协调，经济增长的成果要为普通劳动者所分享，劳动收入占比不能偏低、增速不能过慢，否则会影响经济增长。其次，当资本收入增速过快、占比过高时，一方面会抑制普通劳动者的收入水平、削弱消费、影响国内需求；另一方面，由于资本不断追求增值的天然属性，过度的资本积累必然会推高投资，高投资和低消费的矛盾导致社会总产品不能全部实现，产能过剩、产品积压必然引发利润率下降，使经济增长不可持续。更有甚者，可能造成两极分化，社会矛盾加剧。因此，必须注重综合平衡。

（二）资本有机构成理论

资本有机构成理论是马克思在论述资本主义积累时提出来的。马克思指出，从物质形式上看，一定的生产技术水平条件下生产资料和劳动力之间的量的比例，叫作资本的技术构成；从价值形式上看，资本的构成表现为生产资料的价值和生产资料耗费的活劳动的价值，即资本由不变成本（C）与可变成本（V）之间的比例，叫作资本的价值构成。因此，资本的技术构成决定着资本的有机构成，资本的价值构成是资本的有机构成的表现形式，即 $C:V$。马克思认为"打开资本关系积累奥秘的钥匙正是一种被称为资本有机构成的理论"。

劳动生产率的提高意味着劳动者单位时间处理生产资料的能力的提高，也就是资本技术构成的提高，具体表现为作为生产资料的不变成本在资本中所占的份额上升，而作为劳动力工资的可变成本在资本中所占的份额下降，因此，资本有机构成呈现出不断增长的趋势。马克思进一步探究了资本有机构成对利润率的影响，认为"随着可变资本同不变资本相比的日益相对减少，使总资本的有机构成不断提高，由此产生的直接结果是：在劳动剥削程度不变甚至提高的情况下，剩余价值率会表现为一个不断下降的一般利润率。"[①] 资本主义条件下，一方面，资本家追逐剩余价值的冲动与资本有机构成上升致的一般利润率下降之间的矛盾难以调和；另一方面，可变资本不断减少，造成劳动力需求不足、人口相对过剩，进而引发失业、贫困、消费能力萎缩等问题，资本的积累伴随着贫困的积累，贫富分化的格局下经济危机和社会动荡不可避免。

---

① 马克思恩格斯选集．第二卷［M］．北京：人民出版社，2012：497.

马克思资本有机构成理论揭示，随着资本有机构成的上升，一般利润率会下降，与此同时，劳动生产率的提高会带动经济产出规模的扩张，利润率下降和产出规模扩张分别对经济增长产生负向和正向的影响。但是，资本有机构成的上升一般会造成剩余价值率（M/V）的提高，剩余价值率的提高意味着劳动收入的增长赶不上资本收入的增长，长此以往，经济增长的均衡条件被打破，经济增长不可持续。由此可见，将剩余价值率控制在合理的区间、妥善处理技术进步引发的就业替代效应，是调节经济运行、促进经济增长的重要手段。

从更广阔的视角看，马克思主义发展观是建立在辩证唯物主义和历史唯物主义基础之上的，马克思、恩格斯坚持"对整个外部世界的有系统的认识"①，阐明了自然界发展、历史发展和精神世界发展的内在规律。马克思的经济发展理论具有人本观、历史观、整体观、唯物辩证法、实事求是等方法论特征，强调经济发展的本质不是财富的增长，而是人的发展。

二、中国特色社会主义理论体系中关于发展的理论

中国特色社会主义理论体系的主题是发展，包括邓小平理论、"三个代表"重要思想、科学发展观等一系列战略思想。但其认识源头和理论起点是从新中国成立后开始的，毛泽东关于中国社会主义建设的正确思想，以被继承和发展的形式融入中国特色社会主义理论体系之中，因此也是中国特色社会主义理论体系的重要内容。

（一）新中国成立到改革开放的发展理论

新中国成立初期，借鉴苏联社会主义建设的经验，我国快速完成了社会主义改造，建立起了生产资料公有制的社会主义基本经济制度，形

---

① 马克思恩格斯选集．第三卷［M］．北京：人民出版社，1995：363.

成了集中力量办大事的体制优势。

1956 年社会主义改造基本完成，毛泽东主张将马列主义的基本原理同中国社会主义革命和建设的具体实际结合起来，探索建设社会主义的道路。由此，揭开了从本国实际出发，积极探索社会主义经济建设道路的序幕，并形成了一系列理论创新和突破。

1956 年 4 月 25 日，毛泽东发表了著名的《论十大关系》讲话，对国民经济全局、产业结构调整、区域经济布局、中央和地方关系、集体与个人关系等方面，都有非常深刻的论述。基于此，我国确定了"以农业为基础，工业为主导，农业、轻工业、重工业协调发展"的产业发展战略；形成了"综合平衡、群众路线、生产增长、市场优先"的国家计划调节原则。在社会主义分配体制的设计上，提出了"统筹兼顾、适当安排"的原则，设计了社员、合作社和国家的利益配比协调机制①。与此同时，形成了大力提倡厉行节约、反对浪费、勤俭建国的方针和导向。

毛泽东是中国社会主义经济学派的奠基者和开创者，毛泽东经济思想是毛泽东思想的重要组成部分，深刻学习毛泽东经济思想，对我国当前的经济理论与实践，依然具有指导意义。突出表现在以下几点。

第一，毛泽东经济思想始终坚持将经济发展与人民利益、国家利益联系在一起。毛泽东指出，"社会主义革命的目的是解放生产力"② "中国一切政党的政策及其实践在中国人民中所表现的作用的好坏、大小，归根到底，看它对于中国人民的生产力的发展是否有帮助及其帮助之大小，看它是束缚生产力的，还是解放生产力的。"③ "搞上层建筑、搞生产关系的目的就是解放生产力。"④ 同时，毛泽东指出，解放和发展生产力是目的是"满足人民日益增长着的需要，提高人民的生活水平。"⑤

① 毛泽东文集. 第七卷 [M]. 北京：人民出版社，1999：52.
② 毛泽东文集. 第七卷 [M]. 北京：人民出版社，1999：1.
③ 毛泽东选集. 第三卷 [M]. 北京：人民出版社，1991：1079.
④ 毛泽东文集. 第八卷 [M]. 北京：人民出版社，1999：351.
⑤ 毛泽东文集. 第六卷 [M]. 北京：人民出版社，1999：316.

要"把我国建设成为一个伟大的社会主义国家。"① 这一思想将生产力标准和人民标准紧密结合起来，从根本上回答了"为谁发展"的问题，"以人民为中心"的根本立场正是对这一思想的继承和发展。

第二，毛泽东经济思想中关于经济发展组织方式的重要论述，体现了"党的领导"和"群众路线"的重要性。毛泽东认为，"党组织不挂帅，要充分动员一切积极力量，发挥广泛主动性，是不可能的。""政治和经济的统一，政治和技术的统一，这是毫无疑义的，年年如此，永远如此。这就是又红又专。"② 这一思想体现了党对经济工作的集中统一领导的重要性，是保证我国经济沿着正确方向发展的必然要求，也是党和国家推动经济发展的重要组织形式。同时，毛泽东强调经济工作也必须走群众路线，要依靠人民群众，不能脱离人民群众，要破除"等级森严，居高临下"的资产阶级法权，破除"不是靠工作能力吃饭而是靠资格、靠权力，干群之间、上下级之间的猫鼠关系和父子关系。"毛泽东主张实行"一改两参三结合"，即"改进规章制度，干部参加劳动，工人参加管理，领导人员、工人和技术人员三结合。"③ 这些思想对于新时代干群关系、国有企业组织经营管理模式等方面仍然具有重要的意义。

第三，毛泽东经济思想中关于产业经济发展的重要论述，体现了农业、轻工业、重工业协调发展，重视粮食安全，保护农民利益等思想。毛泽东指出"重工业是我国建设的重点"，同时强调工业的发展要以农业为基础，"发展工业必须和发展农业同时并举""农业和轻工业发展了，重工业有了市场，有了资金，它就会更快地发展"。毛泽东非常重视粮食安全和农民利益，他认为，"不抓粮食，总有一天要天下大乱""农业关系到五亿农村人口吃饭问题""商品性的农产品发展了，才能

---

① 中共中央文献研究室．建国以来重要文献选编（第9册）[M]．北京：中央文献出版社，1994：40.

② 毛泽东文集．第七卷 [M]．北京：人民出版社，1999：351.

③ 毛泽东文集．第八卷 [M]．北京：人民出版社，1999：135.

供应工业人口的需要"① "只为工业积累，农业本身积累得太少或者没有积累，竭泽而渔，对于工业的发展反而不利"②。同农民打交道，要实行等价交换原则，不能搞无偿调拨，否则"就是剥夺农民"③。"我们要尽可能使农民能够在正常年景下，从增加生产中逐年增加个人收入"④。

第四，毛泽东经济思想中关于区域经济发展布局的重要论述，体现了适当向内地倾斜、促进区域经济平衡发展的思想。毛泽东认为沿海和内地工业经济布局不平衡是"历史上形成的一种不合理的状况""为了平衡工业发展的布局，内地工业必须大力发展""新的工业大部分应当摆在内地，使工业布局逐步平衡"。为此，毛泽东亲自指挥了"三线"建设。同时，毛泽东也指出，"逐渐平衡"的过程中，要坚持"好好地利用和发展沿海的工业老底子，可以使我们更有力量来发展和支持内地工业。如果采取消极态度，就会妨碍内地工业的迅速发展"⑤。这一重要思想对新时代破解区域经济发展不平衡、欠发达地区经济发展不充分的问题，具有重要的指导意义。

第五，毛泽东经济思想中关于激励与分配的重要论述，体现了精神作用不可偏废、各方面利益要统筹兼顾的思想。毛泽东指出"社会主义社会要有'物质鼓励'和'精神鼓励'"⑥，不能只强调个人物质利益，"不能把人引向'一个爱人，一座别墅，一辆汽车，一架钢琴，一台电视机'那样为个人不为社会的道路上去。"⑦ 国外学者布拉莫尔认为，确定农民收入的"工分"，同时考虑了农民的思想状况和工作数量，体

---

① 毛泽东文集. 第七卷 ［M］. 北京：人民出版社，1999：199.
② 毛泽东文集. 第七卷 ［M］. 北京：人民出版社，1999：200.
③ 毛泽东文集. 第七卷 ［M］. 北京：人民出版社，1999：438.
④ 毛泽东文集. 第七卷 ［M］. 北京：人民出版社，1999：221.
⑤ 毛泽东文集. 第七卷 ［M］. 北京：人民出版社，1999：25 - 26.
⑥ 倪大奇. 毛泽东经济思想研究 ［M］. 上海：复旦大学出版社，1991：180.
⑦ 毛泽东文集. 第八卷 ［M］. 北京：人民出版社，1999：136.

现了精神激励，是对苏联模式的一种突破①。毛泽东还强调："物质利益是一个重要原则，但总不是唯一的原则，总还有另外的原则……物质利益也不能单讲个人利益、暂时利益、局部利益，还应当讲集体利益、长远利益、全局利益，应当讲个人利益服从集体利益，暂时利益服从长远利益，局部利益服从全局利益。"②

此外，毛泽东还曾指出"要有计划地大力发展社会主义的商品生产""要利用商品生产商品交换和价值法则"③，这是中国共产党结合中国实际的全新认识，超越了斯大林在《苏联社会主义经济问题》中"一步一步地缩小商品流通的活动范围"的观点。可惜的是，这些正确思想，由于种种原因，在后期没有能够很好地贯彻。但是我们不能因为经济建设中的曲折而看不到这些思想的正确性和伟大意义。

（二）改革开放到党的十八大的发展理论

邓小平理论是中国特色社会主义理论体系创立和形成的重要标志，"三个代表"重要思想把执政党的建设与社会主义建设发展联系了起来，科学发展观系统地回答了"什么是发展，为什么发展，怎么样发展"的重大问题。中国特色社会主义理论体系关于发展的战略思想主要体现在社会主义本质论、社会主义市场经济理论、社会主义基本经济制度理论、社会主义基本分配制度理论、科学发展观等方面。

1. 社会主义本质论

改革开放是"文化大革命"之后，在拨乱反正、全面改革，国内国际形势发生重大变化的背景下展开的。"什么是社会主义、怎样建设社会主义"成为摆在中国共产党和全国人民面前的首要问题。

关于社会主义的经济本质，传统认识长期拘泥于"公有制""计划

---

① 张弛. 国外毛泽东经济思想研究状况评述 [J]. 政治经济学评论，2016，7（4）：85－102.

② 毛泽东文集. 第八卷 [M]. 北京：人民出版社，1999：133.

③ 毛泽东文集. 第七卷 [M]. 北京：人民出版社，1999：437.

经济"等具体模式,而没能从"生产力和生产关系相统一"的高度深化认识。邓小平总结历史经验、把握经济规律,高屋建瓴地指出"社会主义的本质,是解放生产力,发展生产力,消灭剥削,消除两极分化,最终达到共同富裕"①,并提出"三个有利于"② 是衡量党和国家一切工作是非得失的判断标准。这一科学论断为所有制改革和分配制度改革奠定了理论基础。

2. 社会主义市场经济理论

改革开放之初,基于计划经济的弊端,着眼于改革经济管理体制和经济管理方法,党中央提出"改变同生产力发展不相适应的生产关系和上层建筑"③。1979 年邓小平提出,"社会主义也可以搞市场经济"④。1982 年党的十二大提出"计划经济为主、市场调节为辅"⑤,部分商品生产和流通可以由市场进行调节。1984 年《中共中央关于经济体制改革的决定》指出"社会主义经济是公有制基础上的有计划的商品经济",邓小平给予高度评价,认为这个文件"写出了一个政治经济学的初稿"⑥。1987 年党的十三大提出"指令性计划要逐步缩小",1992 年邓小平"南方谈话"明确提出计划和市场都是经济手段,不是社会主义与资本主义的本质区别。党的十四大确立了建立和完善社会主义市场经济体制的目标。党的十五大提出,国有企业改革对于社会主义市场经济体制的建立和完善具有重要意义。党的十六大进一步提出"使市场在国家宏观调控下对资源配置起基础性作用"⑦。党的十七大则明确提出"以现代产权制度为基础,发展混合所有制经济。加快形成统一开放、

---

① 邓小平文选. 第三卷 [M]. 北京:人民出版社,1993:373.
② 三个有利于:是否有利于发展社会主义社会的生产力,是否有利于增强社会主义国家的综合国力,是否有利于提高人民的生活水平。
③ 中共中央文献研究室. 三中全会以来重要文献选编(上)[M]. 北京:人民出版社,1982:4.
④ 邓小平文选. 第二卷 [M]. 北京:人民出版社,1994:236.
⑤ 三中全会以来重要文献选编(下)[M]. 北京:人民出版社,1982:1180.
⑥ 邓小平文选. 第三卷 [M]. 北京:人民出版社,1993:83.
⑦ 十六大以来重要文献选编(上)[M]. 北京:中央文献出版社,2005:6.

竞争有序的现代市场体系"①。

社会主义市场经济的创新之处不仅在于打破了传统理论的禁区、打破了"社会主义和市场经济不能兼容"的论断，更在于将市场经济作为一种资源配置的经济形式，探索出了具有中国特色的社会主义公有制实现形式，使之成为推动社会主义生产力快速发展的有效手段，并在实践中使中国经济焕发出巨大的生机和活力。

3. 社会主义基本经济制度理论

社会主义基本经济制度在社会主义市场经济体制建立的过程中，悄然发生着改变。市场经济体制要求独立自主的微观经济主体，于是个体户、乡镇企业、私营企业、外资经济迅速发展起来；政企分开、国有企业产权制度改革、建立现代企业制度等，成为改革进程中的重要问题。

社会主义基本经济制度的建立大体经历了三个阶段：第一阶段，1978～1987 年，"公有制为主体、其他经济成分为补充"；第二阶段，1987～1997 年，"公有制为主体、多种所有制经济共同发展"；第三阶段，1997 年以来，党的十五大把"公有制为主体，多种所有制经济共同发展的制度"确立为社会主义初级阶段的基本经济制度。2002 年党的十六大提出"两个毫不动摇"②的方针，成为现阶段正确认识和处理所有制问题的根本准则。社会主义基本经济制度是体现国家性质、符合基本国情的根本制度，是社会稳定和经济发展的重要保障。

4. 社会主义分配制度理论

生产力决定生产关系，基本经济制度决定基本分配制度。公有制为主体决定按劳分配为主体，多种所有制经济共同发展决定多种分配方式并存。因此，我国当前的基本分配制度是：按劳分配为主体，多种分配方式并存。

按劳分配是社会主义的本质要求。1875 年马克思在《哥达纲领批

---

① 十七大以来重要文献选编（上）［M］. 北京：中央文献出版社，2009：20.

② "两个毫不动摇"：毫不动摇地巩固和发展公有制经济，毫不动摇地鼓励、支持、引导非公有制经济发展。

判》中最早提出共产主义社会的第一阶段即社会主义社会，要实行按劳分配。按劳分配建立在生产资料公有制的基础之上，按劳分配有利于实现社会分配的公平与公正，有利于调动劳动者的积极性，从而巩固公有制的主体地位，最终实现共同富裕的目标。

　　按生产要素分配是指按照生产要素在生产中创造的价值、提供的贡献多少进行分配。生产要素主要包括资本、土地、技术、管理、数据、劳动等。劳动是特殊的生产要素，劳动者抽象劳动是价值的源泉，也是财富的源泉，而除劳动以外的其他生产要素不创造价值，但为价值创造提供了条件，是财富的源泉。在社会主义市场经济条件下，按生产要素分配的根本目的是激发不同要素所有者的积极性，以提高资源配置的效率，让财富滚滚涌流，以满足人民不断增长的美好生活需要。

　　社会主义分配制度是在长期探索实践中形成的政治经济学理论创新的结晶。从最初计划经济下的按劳分配，到改革开放之初的家庭联产承包责任制、打破"大锅饭"、反对平均主义、允许劳动以外的要素参与收入分配，再到党的十五大提出"允许和鼓励资本、技术等生产要素参与收益分配"，党的十六大"确立劳动、资本、技术和管理等生产要素按贡献参与分配的原则"。这一历史进程说明，社会主义初级阶段生产力发展的不平衡、多层次和不够高的状况是分配方式呈现多样性的最深层次原因。

　　关于社会主义的分配原则，改革开放初期，邓小平提出"贫穷不是社会主义""社会主义的本质是解放和发展生产力""让一部分人、一部分地区先富起来"[①]，主要是针对计划经济时代"吃大锅饭"的平均主义，强调效率优先。进入 20 世纪 90 年代，国民经济得到了极大发展，人民生活得到了极大改善，但与此同时，不同群体收入差距逐渐扩大，社会问题不断增多，有可能造成对经济效率持续增长和社会稳定的破坏，国家及时调整了效率与公平关系，提出了"效率优先，兼顾公平"的基本原则。进入 21 世纪，贫富差距进一步拉大，接近甚

---

① 邓小平文选．第三卷［M］．北京：人民出版社，1993：166.

至超过了国际警戒线；与此同时，过分强调效率，助长了经济粗放式增长，资源、环境为此付出了沉重的代价。党和国家进一步作出了政策调整，党的十六大提出"初次分配注重效率，再分配注重公平"，党的十七大提出"初次分配和再分配都要处理好效率和公平的关系，再分配更加注重公平"，党的十八大提出"初次分配和再分配都要兼顾效率和公平"，党的十九大进一步提出"必须多谋民生之利、多解民生之忧，在发展中补齐民生短板、促进社会公平正义"，党的二十大进一步提出"分配制度是促进共同富裕的基础性制度"。从提法的变迁可以看出，收入分配改革的核心就是实现社会公平。与此同时，从马克思主义唯物辩证法之矛盾论的角度分析，效率与公平既有对立性，也有统一性，既有相互冲突、相互矛盾的一面，也有相互联系、相互制约的一面，是对立统一的辩证关系。一方面，公平是效率的前提和保障，社会越公平越能激发劳动者的积极性和创造性；另一方面，效率是检验公平与否的重要标准，一种社会制度是否公平，关键是看它能否激起巨大的劳动热情，带来持久的效率。因此，效率与公平并不是非此即彼的关系，而是相辅相成、对立统一的关系。要实现中华民族伟大复兴的梦想，效率与公平都不能缺席。在生产领域讲效率就是强调高质量发展，不盲目追求产值和 GDP；在分配领域特别是初次分配领域就必须重视公平，这既是社会主义本质的要求，也是避免资本优于劳动、收入差距过大、产生两极分化的要求，还是实现公平正义、促进经济可持续发展的要求。

5. 科学发展观理论

2003 年胡锦涛同志提出科学发展观，强调"坚持以人为本，树立全面、协调、可持续的发展观，促进经济社会和人的全面发展"[1]，按照"统筹城乡发展、统筹区域发展、统筹经济社会发展、统筹人与自然和谐发展、统筹国内发展和对外开放"[2] 的要求推进各项事业的改革和

---

① 胡锦涛文选．第二卷［M］．北京：人民出版社，2016：143.
② 胡锦涛文选．第二卷［M］．北京：人民出版社，2016：386.

发展。科学发展观是马克思主义关于发展的世界观和方法论的集中体现，对我国经济社会发展起到了重大的推动作用。科学发展观提出了以人为本的发展理念，把最广大人民的根本利益作为党和国家一切工作的出发点和落脚点，提出"发展为了人民、发展依靠人民、发展成果由人民共享"的以人民为中心的根本立场。科学发展观要求必须坚持把发展作为党执政兴国的第一要义，不断解放和发展社会生产力；必须坚持全面协调可持续发展，推进经济、政治、文化、社会各方面各环节相协调；必须坚持统筹兼顾，妥善处理中国特色社会主义事业中的重大关系，充分调动各方面积极性。科学发展观进一步要求转变发展观念、转变经济增长方式、转变经济体制、转变政府职能、转变干部作用。

三、习近平新时代中国特色社会主义思想中关于发展的理论

党的十八大以来，以习近平同志为核心的党中央深刻把握国内外发展大势，提出了一系列新理念、新思想，作出了一系列重大战略决策，形成了习近平新时代中国特色社会主义经济思想。其中关于发展的理论是本书的主要指导思想。

（一）关于高质量发展的重要论述

1. 从社会主要矛盾视角谈高质量发展

2017 年 12 月 18 日，习近平总书记在中央经济工作会议上指出：不平衡不充分的发展就是发展质量不高的表现，解决我国社会主要矛盾，必须推动高质量发展。高质量发展，就是能够满足人民美好生活需要的发展。[①]

―――――――――

① 中央宣传部. 习近平新时代中国特色社会主义思想学习纲要 [M]. 北京：学习出版社、人民出版社，2019：111.

从供给看，高质量发展要求提升产品和服务的质量，提升企业的创新力、需求捕捉力、品牌影响力和综合竞争力，提升产业组织方式的网络化、智能化水平，提升产业结构的合理性、高级性和完整性。从需求看，人民群众的需求日益表现出高级化、多样化、个性化的特征，高质量发展就是要不断满足人民群众的需求，并在发展中努力解除人民群众的后顾之忧，持续激发市场活力，释放需求。从投入产出看，高质量发展要求以创新为驱动，努力提升全要素生产率。从分配看，高质量发展要求充分发挥市场机制的作用，使资本回报、企业利润、劳动收入和国家税收保持合理的比例关系。从宏观经济循环看，高质量发展要求保证供应链安全，实现各环节畅通，优化空间布局，保持国民经济重大比例关系，确保宏观经济运行平稳①。

2. 从现代经济体系视角谈高质量发展

2018 年 1 月 30 日，习近平总书记指出：建设现代化经济体系是我国经济高质量发展的战略目标②。

产业体系建设要实现实体经济、科技创新、现代金融、人力资源协同发展，要深化供给侧结构性改革，要通过创新引领、人才支撑和金融服务推动实体经济特别是先进制造业大力发展。实体经济是创造财富的根本源泉。要提升科技创新对实体经济的贡献率、提升现代金融服务实体经济的能力、提升人力资本对实体经济的支撑作用。市场体系建设要从市场准入、市场开放、市场竞争、市场秩序、消费者自由选择、商品要素自由流动等方面着力。收入分配体系建设要推进基本公共服务均等化。城乡区域发展体系建设，要实现区域互动、城乡融合的发展格局，形成优势互补、协调互助的发展态势。绿色发展体系建设要严守生态保护、环境质量、资源利用三条红线。全面开放体系建设要在层次提高、结构优化、纵深拓展、效益提升等方面下功夫，努力迈向全球价值链的中高端。

---

① 习近平谈治国理政．第三卷［M］．北京：外文出版社，2020：238－239.
② 习近平谈治国理政．第三卷［M］．北京：外文出版社，2020：240－242.

3. 从创新驱动视角谈高质量发展

2018 年 5 月 28 日，习近平总书记在两院院士大会上指出：创新是第一动力，创新决定未来。[①] 高质量科技供给是现代化经济体系建设的重要支撑，是经济高质量发展的重要推动力。创新要以高质量发展和效益为中心，把提高供给体系质量作为主攻方向，推动互联网、大数据、人工智能同实体经济深度融合。要增强自主创新的意识和决心，充分发挥国家治理体制的优势，在关键领域和被"卡脖子"的地方集中精锐，尽早突破。要重视基础研究、实现原创性成果重大突破、加快创新成果转化和军民融合。要全面深化科技体制改革，破除体制机制障碍，改革科技评价制度和经费管理办法，提高科技产出效益。要推动企业成为创新创造的主力军，发挥市场在创新资源配置中的决定性作用。要积极融入全球科技创新体系，深度开展国际科技创新合作，建设面向共建"一带一路"国家的科技创新基地，提高我国在全球科技治理体系中的话语权和影响力[②]。

4. 从乡村振兴视角谈高质量发展

习近平总书记指出，我国发展最大的不平衡是城乡发展不平衡，最大的不充分是农村发展不充分[③]。解决这一问题要从全局和战略高度来把握，乡村振兴是促进我国全面发展、协调发展、高质量发展的重大战略，是正确处理工农关系和城乡关系的金钥匙，是新时代"三农"工作的总抓手。

无论是新中国成立初期还是改革开放的进程中，广大农民为推进工业化、城镇化建设都作出了巨大贡献。新时代，国家采取了一系列重大举措推动"工业反哺农业、城市支持乡村"，我国现代化进程中离不开农村、农业和农民的现代化。实现乡村振兴要在资金投入、要素配置、公共服务、干部配备等多方面采取有力举措，推动公共服务向农村延

---

① 习近平谈治国理政. 第三卷 ［M］. 北京：外文出版社，2020：247.
② 习近平谈治国理政. 第三卷 ［M］. 北京：外文出版社，2020：247 - 252.
③ 习近平谈治国理政. 第三卷 ［M］. 北京：外文出版社，2020：256.

伸、社会事业向农村覆盖，维护进城落户农民的各项权益，促进生产要素在城乡之间双向流动。我国户均耕地资源与欧美有很大差距，决定了我们不可能各地都像欧美那样搞大规模农业、大机械农业。我们要按规律办事，健全农业社会化服务体系，通过农民合作社、家庭农场等经营形式将小农户和现代农业有机衔接起来，走中国特色的乡村振兴之路。

5. 从区域经济布局视角谈高质量发展

2019 年 8 月 26 日，中央财经委员会第五次会议强调"推动形成优势互补高质量发展的区域经济布局"。当前我国区域经济发展"分化"和"极化"现象日益突出。一方面，长三角、珠三角等地区高质量发展势头良好，东北地区、西北地区发展相对滞后，一些北方省份增长放缓，全国经济重心进一步南移，各板块内部、个别省份也有分化现象；另一方面，经济和人口向大城市及城市群集聚的趋势比较明显，大城市、特大城市成为推动经济高质量发展的增长极，经济发展动力极化态势明显。我们强调区域经济协调发展，不是简单要求各地区在经济发展上达到同一水平，而是突出功能定位、发挥比较优势、走"合理分工、优化发展"的路子。不平衡是普遍的，要在发展中促进相对平衡。这是区域协调发展的辩证法①。

产业和人口向优势区域集中，有利于形成经济增长的动力源，有利于带动整体经济效率提升，这是经济发展的客观规律。区域经济发展必须尊重并顺应经济发展的客观规律，在功能定位合理、环境承载适度的前提下，破除资源、要素和人口自由流动的障碍，真正发挥市场在资源配置中的决定性作用。

区域经济协调发展要落实主体功能区战略、发挥各区域的比较优势，经济发展条件好的地区要承载更多产业和人口，农业发展条件好的地区要确保国家粮食安全，生态功能强的地区要得到有效保护，事关国家安全、民族团结的边疆地区要有一定的人口和经济支撑。与此同时，要实现区域经济协调发展，还要完善户籍、土地、转移支付、农业补

---

① 习近平谈治国理政. 第三卷［M］. 北京：外文出版社，2020：270 – 273.

偿、生态补偿、公共服务均等化等方面的配套政策。

(二) 关于社会主义经济发展理念的理论

党的十一届三中全会以来,在"以经济建设为中心"的基本路线指导下,我国改革开放取得了举世瞩目的成就,但是粗放式增长带来的资源、环境压力不断增大。党的十六届三中全会提出科学发展观。党的十八大提出经济建设、政治建设、文化建设、社会建设、生态建设"五位一体"的总体布局。进入新时代,我国社会主要矛盾已经转化为"人民日益增长的美好生活需要和不平衡不充分的发展之间的矛盾"。党的十八届五中全会提出创新、协调、绿色、开放、共享的新发展理念,强调深化供给侧结构性改革、建设现代经济体系,推动经济高质量发展。

从以经济建设为中心到"五位一体"全面发展,再到新发展理念引领下的经济高质量发展,是马克思主义政治经济学发展理论不断完善的过程,是立足国情、与时俱进的理论创新,对国民经济发展和社会进步具有重大的指引意义。

(三) 关于经济发展阶段和发展方式的理论

随着改革开放的不断深入,我国与发达国家的差距逐步缩小,但与此同时,劳动力、人口等生产要素的成本不断上升,资源环境的压力越来越大,加之世界金融危机之后,贸易保护主义加剧,国内外经济形势发生了重大变化。以习近平同志为核心的党中央深刻把握经济发展规律,指出中国经济进入了增速换挡、结构调整、动能转换的新常态,经济发展方式要由投资驱动、要素驱动转向创新驱动,经济管理的重心要由"保增长"的需求侧管理转向"重质量"的供给侧管理,提升产品和服务质量,促进产业结构升级,转变政府职能,优化营商环境,深化财税体制改革,防范重大金融风险,从而促进我国经济高质量发展。

为了适应社会主要矛盾变化和全面建成小康社会的要求,强调"不忘初心、牢记使命"，坚持"以人民为中心"的根本立场和价值取向，着力解决发展不平衡、不充分的问题。党的十八大以来，党和政府加大扶贫力度、动员全社会力量积极参与、探索出了"精准扶贫"的治贫方式，彰显了社会主义制度的优越性，为世界减贫事业贡献出了中国方案、中国经验。在发展方式上，党和国家高度重视绿色发展和共享发展，提出了"绿水青山就是金山银山""既要绿水青山，也要金山银山"的发展理念，深刻揭示了经济发展与生态文明建设辩证统一的关系，拓展了马克思主义的自然观和发展观。不盲目追求 GDP、更加注重经济与社会协调发展、更加注重社会公平和人民福祉。党的十八大以来，围绕人民群众最关心、最直接、最现实的诸多民生问题，通过加大财政投入力度、均衡基本公共服务供给、划转国有资本充实社保基金等手段，显著提升了人民的获得感和幸福感。特别是在抗击新冠疫情的过程中，"应查尽查、应收尽收、应治尽治""免费医疗、财政兜底"的防疫政策，充分体现了"以人民为中心"的马克思主义政治经济学根本立场。

（四）关于社会主义经济体制改革的理论

从社会主义市场经济确立的过程可以看出，改革的进程是"摸着石头过河"的渐进式改革，随着改革的深化，如何正确处理政府与市场的关系，如何把"有效市场""有为政府"两方面优势都发挥好，成为社会主义经济体制改革的关键问题。让市场在资源配置中起决定性作用，要求减少政府对市场的直接干预，建立法治化的市场经济，消除所有制歧视，打破行业垄断、进入壁垒和地方保护等；政府作用则主要体现在坚持社会主义方向，牢牢掌控关系国民经济命脉的关键领域和战略资源，根据国内外形势做好宏观经济调控和重大风险防范，营造廉洁高效的服务环境，建设与市场接轨的制度环境，打造宽松优惠的政策环境，塑造公正安全的法治环境，构建包容开放的社会环境。

关于国有经济与国企改革，党的十八届三中全会提出"积极发展混合所有制经济",鼓励国企民企相互融合,积极探索公有制与市场经济相结合的形式和途径。这是进一步完善国有企业公司治理、做大做优国有资本的重要尝试。混合所有制经济是我国基本经济制度的重要实现形式,通过鼓励国有资本和非国有资本双向融合、探索实行混合所有制企业员工持股等重大举措,有利于增强国有经济活力、放大国有资本功能、促进各种所有制资本共同发展,进而提升国民经济的综合竞争力。2020 年 6 月,中央全面深化改革委员会通过了《国企改革三年行动方案(2020—2022 年)》,明确了坚持深化国企市场化改革不动摇,充分发挥国有经济的制度优势的改革方向,要求完善中国特色现代企业制度、完善国有资产监管体制、深化混合所有制改革、优化国有资本布局、加强党对国有企业的全面领导等,从而增强国有经济的竞争力、创新力、控制力、影响力、抗风险能力。

(五) 关于对外开放和全球治理的理论

党的十八大以来,我国提出了建设"一带一路"、构建"人类命运共同体"等伟大倡议,推出了一系列全面开放、深化开放的重大举措,优化了对外开放的环境,加大了对外开放的力度,提升了对外开放的效益和质量,将我国对外开放的水平和层次推向了新的境界。"一带一路"倡议致力于促进区域合作,打造"政治互信、经济融合、文化包容"的利益共同体,是中国探索国际合作及全球治理模式的新尝试,也为中国应对美国贸易保护主义、经济霸凌主义提供了重要战略缓冲。积极筹建亚洲基础设施投资银行,广泛设立多层次立体化的自由贸易试验区,主办 G20 峰会、中非合作论坛、中国国际进口博览会,这些重大举措开创了新时代中国对外开放的新格局,使中国由世界经济体系的适应者、融入者开始转变成为世界经济秩序的构建者和引领者。特别是新冠疫情在全球肆虐的当下,中国构建人类命运共同体的倡议得到全世界更广泛的认同,中国最大限度地为世界各国疫情防控争取了宝贵的时间,在自身疫情严峻的情况下,积极分享疫情防控经验,向多国派出医疗援助专家、捐赠疫情防控物资，用实际行动诠释了中国构建人类命运共同体的理念和决心。

第二节 经济高质量发展的借鉴理论

一、新古典增长理论

新古典增长理论的代表人物是美国经济学家索洛，他在严格的假设条件下，提出了以柯布－道格拉斯生产函数为基础经济增长模型。该模型用公式可以表示为：

$$\Delta Y = \Delta a + \alpha \Delta K + (1 - \alpha) \Delta L$$

其中，ΔY 是产出增长率（经济增长率），ΔK 是资本存量增长率，ΔL 是劳动投入增长率，参数 α 是资本对总产出的贡献，$(1 - \alpha)$ 是劳动对总产出的贡献，而 Δa 就是综合要素生产增长率带来的产出余量，即通常所说的"索洛剩余"，可以用来表征全要素生产率。

在索洛模型中，经济增长来源于人均资本存量和技术进步，但只有技术进步才能够导致经济的永久性增长。相对于资本的增加，劳动力质量的提高和技术进步对经济增长的作用更大。通过调整储蓄率可以实现人均最优消费和最优资本存量，但这只会暂时性地影响增长率，不会长久性地影响经济增长。

索洛模型的缺陷在于未能够解释长期经济增长的真正来源，把技术进步看成外生给定的，而这恰恰是长期经济增长的关键。索洛模型以资本存量代替资本服务，从而低估了资本存量对经济增长的贡献、高估了全要素生产率。"索洛剩余"包含了资本、劳动之外的全部因素，难以将技术进步对经济增长的贡献分离出来。这些因素共同导致索洛模型的理论预测与实际数据多有不符。

二、新增长理论

20 世纪 80 年代，以罗默（Paul M. Romer，1986）和卢卡斯（Robert E. Lucas Jr.，1988）等为代表的经济学家，将知识、人力资本等内生技术变化因素引入经济增长模式中。新增长模型重新定义了人力资本，将劳动力数量、平均技术水平、教育水平、生产技能训练和相互协作能力等统一纳入"人力资本"的范畴。

新增长理论模型也是一个生产函数，认为资本、劳动、人力资本、技术进步等是产出量最重要的影响因素。具体的函数形式如下：

$$Y = F(K，L，H，t)$$

其中，Y 是总产出，K 是物质资本存量、L 是劳动力投入量、H 是人力资本（无形资本）存量，t 表示技术水平。

新增长理论的基本结论是：经济增长是经济系统内生因素作用的结果，内生的技术创新是经济长期增长的源泉，而技术创新水平高低取决于劳动分工程度和专业化人力资本的积累。此外，政府的经济政策对一国的经济增长具有重要影响。

新增长理论具有丰富的政策含义和启示，具体如下：（1）知识是一种生产要素，知识能够促进边际生产力的递增，从而提高投资收益率，但其作用的大小有赖于投资和经济规模。因此，知识和投资之间能够形成一种相互促进的良性循环，投资的持续增加也能促进知识的积累，有利于长期经济增长率。（2）人力资本是知识附着的载体，虽然知识具有溢出效应，但是人力资本具有竞争性。因此，人力资本的规模和质量是经济增长最重要的决定因素，发展中国家长期处于"低收入陷阱"的根源在于人力资本存量低，大力投资于教育和研究开发比直接投资更有利于经济增长。（3）技术进步体现在创新的产品中，创新可以带来垄断利润，这是对研究和开发的正向激励；与此同时，创新产品本身也会产生知识"溢出效应",知识"溢出效应"会促进生产力水平的提升,但如果没有知识产权的保护制度,人们任意模仿就会放大创新的风险、减弱对创新的激励,从而不利于长期经济增长。(4)国际贸易可以加速先进知识、技术和人力资本在世界范围内的传递,产生知识外溢效应,有利于经济增长。(5)政府政策在经济发展中会产生重要的作用。政策制定应该着眼于教育、人力资本开发、知识产权保护、科技创新与研发等,而不应把注意力集中在经济周期的治理上,忙于进行"微调"和寻求操纵"软着陆"的方法。政府应补贴以大学为基地的科学和技术的开发,给大学提供良好的环境,使大学致力于真理和思想的探索,而不是商业化。政府应建立完善的法律框架,鼓励风险投资、保护合法产权、维持市场秩序。

三、区域经济学理论

区域经济学是研究经济活动在一定自然区域或行政区域中变化或运动规律及其作用、机制的科学。区域经济学以空间资源配置的合理性为基础,探索人类经济活动的地理分布和空间组织规律,因此又称为空间经济学。区域经济学的重要成果对促进我国经济高质量发展具有重要的借鉴意义。

(一)产业布局理论

产业布局理论,以产业的空间布局为核心,以"成本—收益分析"为方法,对经济活动的空间分布和空间联系进行考察。如约翰·海因里希·冯·杜能(Johann Heinrich von Thünen, 1826)的农业区位理论考察了农场到消费市场的运输距离对农产品布局和经营模式的影响,结论是:经济状况特别是与农产品消费地(中心城市)的距离,是农业土地利用类型和农业土地经营集约化程度最重要的决定因素。据此,约翰·海因里希·冯·杜能在成本—收益分析的基础上,根据与城市的距离将外围农业区划分为 6 个环带，被称作杜能环，由近及远分别为：自由农业区、林业区、谷物轮作区、谷草轮作区、牧业区和荒芜区。阿尔弗雷德·韦伯（Alfred Weber，1909）则通过区位因子分析探索了工业布局的问题，认为运费、劳动费用以及集聚等因素是工业区位指向的决定性因素。

（二）平衡发展理论

罗格纳·纳克斯（Ragnar Nurkse，1953）是平衡发展理论的代表人物，他认为供给不足和需求不足两种恶性循环是制约发展中国家发展的制约因素。解决方案是在各地区、各产业、各部门均衡布置投资和生产力，各地区、各产业、各部门公平竞争、协调发展，形成相互竞争合作、关联互补、相互促进的发展格局，从而不断扩大需求，刺激供给，促进供需在动态提升中持续均衡。因此，平衡发展理论强调在各地区、产业和部门之间均衡部署生产力，公平竞争，实现产业和区域经济的协调发展。但是由于各地区位条件、资源禀赋、经济基础、技术水平、人力资本等方面存在巨大的差异，以及资源的稀缺性和资本的逐利性等原因，同时兼顾各个地区、各个产业的平衡发展既不符合经济发展的客观规律，也不具备现实的可操作性。

（三）不平衡发展理论

以阿尔伯特·赫希曼（Albert Otto Hirschman，1958）为代表的不平衡发展理论认为，经济发展的非均衡状态既是客观现实也是客观规律，主张将有限的资源和资本集中起来，优先发展少数"优势地区""主导部门"和"关联效应"强的产业，通过重点地区、重点产业带动各地区、各产业联动发展，从而在总体上促进经济增长。不平衡发展理论将资源集中在少数地区、产业和部门，容易形成集聚效应，发挥规模优势，促进经济增长，树立标杆和典型。同时也为决策者干预资源配置提供了理论依据，消极的影响可能是决策者易脱离最广大人民群众的立场，将权力扩大化、利己化，从而影响公平正义、损失经济效率。

（四） 区域分工贸易理论

瑞典经济学家戈特哈德·贝蒂·俄林（Bertil Gotthard Ohlin，1931）在早期分工贸易理论以及生产要素禀赋理论的基础上，提出了一般区位理论。认为劳动力丰裕的国家或地区应该集中生产劳动密集型产品，而资本丰裕的国家或地区应该生产资本密集型产品，从而在国际分工和区域分工的贸易中突出比较优势，实现优势互补。该理论具有较强的现实解释力和一定的合理性，但是该理论只考虑了资本、劳动等因素，没有考虑技术、制度等因素，没有看到比较优势的动态演化，容易造成落后地区的"低端锁定"，从而使区域经济发展差距进一步扩大。

（五） 梯度转移理论

梯度转移理论认为，产业结构状况决定着一个地区整体经济的发展。产业发展一般经历创新、发展、成熟、衰退四个阶段的生命周期，创新活动大都发生在高梯度地区，高梯度地区的主导产业进入衰退周期后会向低梯度地区转移，低梯度地区可以通过承接产业转移提高经济发展水平，促进经济增长。梯度转移理论主张发达地区首先发展，然后通过产业升级将淘汰下来的产业和要素转移到欠发达地区，从而带动整个区域经济的发展，具有一定的现实意义。但其与俄林的一般区位理论类似，静态、机械而不是动态、演化地看待各区域的发展，容易造成梯度凝固效应。但事实上，制度、技术、人力资本的积累，甚至一些偶然因素，都有可能改变区域经济发展的路径。

（六） 增长极理论

增长极理论继承了不平衡理论的思想，认为应该把资源集中在区域经济发展条件比较好的地区和产业，将其培育成经济增长极。初期在极化效应的作用下，资金、技术、人才等生产要素会向极点聚集，形成增长极；发展到一定程度后，极化效应减弱、扩散效应增强，生产要素会向外围转移，带动区域整体经济增长。类似的还有"中心－外围理论""城市圈域理论"，延展的还有"点轴开发理论""网络开发理论"，都是强调通过极化效应培育"增长极""中心""城市圈"，然后通过扩散效应带动"外围""沿线""边缘"发展，不同的是"点轴开发理论"和"网络开发理论"还强调增长极与增长极、中心城市与中心城市的联动，让生产要素在更广泛的区域自由流动，以此促进区域经济一体化、包括城乡一体化。这些理论为区域经济发展政策的制定提供了很好的依据，被世界各国广泛采纳。但也存在一些问题，一是"增长极""中心"的确定带有很深的行政印记，被确定为"外围""边缘"的地区在发展机遇上面临着不公平的待遇。二是从极化效应为主到扩散效应为主，在理论上难以准确测度其临界点，在实践上缺乏明显成功的案例。三是诚如缪达尔、赫希曼等经济学家指出的那样：市场机制自发作用下，极化效应的作用是主要的，市场力的作用在于扩大而不是缩小地区间的差别。当然，政府可以通过政策进行干预，但是区域经济发展过程中的"黏性"或"路径依赖"会使这种干预付出的成本非常大，如今日益严重的"大城市病"就是证据。

第四章

我国西南民族地区经济高质量
发展的现实基础

——以广西为例

    本章旨在以广西为例,多维度、多视角全面剖析我国西南民族地区经济高质量发展的现实基础,对经济现象和发展现状进行梳理、透析,可以使后面的研究更加有的放矢、更有针对性。

    党的十八大以来,在党中央的坚强领导下,广西的富民兴桂事业取得了历史性成就,实现了由低收入阶段向总体中等收入阶段和由全国交通末梢向区域性交通枢纽两大历史性转变。人民群众生活水平显著提高,城乡居民人均可支配收入持续增长,农村贫困人口减少700多万,脱贫攻坚取得决定性成就,基础设施、民主法治、生态环境等各方面事业都取得了长足进步。广西的发展成就,充分体现了习近平新时代中国特色社会主义思想的实践伟力,彰显了中国共产党的人民性和中国共产党执政的优越性,也为广西经济高质量发展奠定了坚实的现实基础。但是我们不能满足于此,横向比较、深入分析、摸清家底,是精准施策的前提。因此,从宏观、微观和新发展理念等多个视角深入分析广西经济高质量发展的现实基础具有重要的意义。

第一节 从宏观视角看广西经济高质量发展的现实基础

一、经济发展水平

从经济总量看，根据国家统计局数据①，2019 年广西地区生产总值为 21237.14 亿元，在全国排名第 19 位。与 2015 年相比，超过了内蒙古，但是被重庆、江西和云南反超，因此在全国的排名下降了 2 位。从人均指标看，2019 年广西人均 GDP 为 42964 元，只有全国平均水平的 60.7%、不足北京的 1/3，在全国 31 个省份（港澳台地区除外）中排名第 29 位，仅高于黑龙江和甘肃。与 2015 年相比，超过了黑龙江，但是被山西、云南、贵州和西藏反超，因此在全国的排名下降了 3 位。从经济增长速度看，2019 年广西 GDP 增长率为 6.0%，在全国 31 个省份（港澳台地区除外）中与上海和陕西并列排名第 22 位。与 2015 年相比，GDP 增长率从 8.1% 降到了 6.0%，全国排名从并列第 15 名降到了并列第 22 名。从横向比较看，与同为"两广"之一的我国第一大经济强省广东相比，绝对差距，2015 年广西 GDP 落后广东 56000 多亿元，到 2019 年扩大到 86000 多亿元；相对差距，2015 年广东 GDP 是广西的 4.33 倍，到 2019 年扩大到了 5.07 倍。由此可见，在激烈的区域经济竞争中，广西并未占得先机，甚至与兄弟省份的差距有被进一步拉大的趋势。总量不高、人均太低、动力不足、增速放缓——成为当前广西经济

---

① 本章数据如无特殊说明，均来源于国家统计局网站、广西统计局网站及相应年份国家统计年鉴和广西统计年鉴。

的真实写照。

从马克思扩大再生产理论分析，2001～2017 年广西年均 GDP 增长率为 11.1%（其中 2004～2012 年是高速增长期），固定资产投资额年均增长率为 23.1%（其中 2004～2012 年是高速扩张期，固定资产投资增长率均在 24% 以上），是 GDP 增长率的两倍以上。2001～2017 年广西劳动力资源总数年均增长率为 0.6%（其中 2012 年出现了负增长，其余年份均在 0.7%～2.3%）。由此可见，广西的经济增长是以外延式扩大再生产为主的经济增长，在劳动力资源投入略微增长的情况下，主要通过追加生产要素的数量特别是固定资产投资来拉动经济增长。这在经济发展的起步阶段也是无可厚非的，正如中国人民大学卫兴华教授所指出的："建立新企业是外延型扩大生产""增加基础设施建设，可以是外延型扩大（再生产）"，我们并"不排除和贬抑外延型扩大（再生产）"，我们只是"不赞同低水平重复建设、乱铺摊子，也就是应减少低水平的外延型扩大（再生产）"[1]。从广西的实际情况看，固定资产投资增速是经济增长的两倍以上，确实存在投资效率不高、乘数效应不强的问题。在不排除和贬抑外延型扩大再生产的同时，更要注重科技创新、管理创新，提高经济效益，走集约型的内涵式增长路径。

从劳动收入、资本收入与经济增长的协调关系角度分析，1979～2018 年广西年均 GDP 增长率为 10.7%，职工平均工资年均增长率为 13.3%，工业企业利润总额年均增长率为 30.4%。根据"宏观经济的均衡增长要求工人工资形式的劳动收入和剩余价值本质的资本收入必须同时增长，并且两者的增长率应该大致相同"[2] 的理论启示，代表劳动收入的工资增长率略高于经济增长率，体现了社会主义制度对工人合法权益的保障，但是代表资本收入的利润增长率大幅度高于代表劳动收入的工资增长率和宏观经济增长率，显然是不协调不合理和难以持续的，

① 卫兴华. 有关中国特色社会主义经济理论体系的十三个理论是非问题 [J]. 经济纵横, 2016 (1): 1-14.

② 唐国华, 许成安. 马克思经济增长理论与中国经济发展方式的转变 [J]. 当代经济研究, 2011 (7): 15-20.

长期来看也是不利于区域经济发展的。这一点对比广东可以得到进一步的证明：1979~2018 年广东年均 GDP 增长率为 12.4%，职工平均工资年均增长率为 13.4%，工业企业利润总额年均增长率为 21.0%。广东的宏观经济增长率高于广西，工资增长率与广西基本持平，但代表资本收入的利润增长率比广西低了 10 个百分点。这从侧面论证了资本收入增速过快反而不利于长期经济增长的观点。

二、人力资源状况

根据国家统计局数据，截至 2019 年末，广西全区户籍总人口 5695 万，常住人口 4960 万，其中城镇人口 2534.3 万，占常住人口比重为 51.09%，即城镇化率为 51.09%。广西的常住人口城镇化率比全国平均水平 60.60% 低了近 10 个百分点，在全国 31 个省份（港澳台地区除外）中排名倒数第 5 位，仅高于云南、贵州、甘肃和西藏。可见广西的城镇化水平亟待提升。

广西常住人口比户籍人口少 735 万人，呈人口净流出的态势，净流出人口占户籍人口总数的 13%，大多为青壮年劳动力或高层次人力资源。这说明广西经济及其各产业的就业吸附能力不足，同时也说明广西的人才政策吸引力不足。这部分净流出的人口户籍在广西，对广西是有感情的，是广西人力资源的重要组成部分。当前，全国各地都在上演"抢人大战"，人是高质量发展的基础和关键，不管是大学生还是产业工人，都既能推动经济发展又能拉动社会需求，广西要出台更有力的人才政策和产业政策，想办法把这些人力资源留在广西。

从人口结构视角分析，2019 年末广西 15~64 周岁劳动年龄人口占比为 67.97%，65 周岁以上老年人口占比为 10%，15 周岁以下少儿人口占比为 22.03%。老年抚养占比为 14.95%，少儿抚养占比为 32.10%，总抚养占比为 47.05%，也就是说，每 100 个劳动年龄人口，要抚养 32.10 个少儿、14.95 个老人。与全国人口结构比较，2019 年末我国的老年抚养占比为 17.8%，少儿抚养占比为 23.8%，总抚养占比为 41.5%。广西的总抚养比更重，社会负担更高，但人口老龄化程度相对较轻；少儿抚养比偏高，但为后续的人口红利成长奠定了基础。另外，2019 年广西的人口出生率为 13.31‰，高居全国第 5 名，虽然近年来也呈缓慢下降的趋势，但比 10.48‰的全国平均水平高出了不少，这也说明广西的人口红利仍然值得期待。

从劳动力资源视角分析，2019 年末全区从业人员 2853 万人，就业人员占劳动力①资源总数的比重，即劳动力资源利用率为 80.3%，同期全国该指标为 95.5%，广西的劳动力资源利用率大幅落后于全国平均水平15.2 个百分点。具体原因主要是广西无法提供足够的就业岗位，大量劳动力资源外流，如前所述，广西人口净流出 735 万。2000～2019 年广西劳动力资源总量、占比及其利用率的变动趋势如表 4-1 及图 4-1 所示。

表 4-1　　2000～2019 年广西劳动力资源总量、占比及其利用率的变动趋势

年份	从业人员（万人）	劳动力资源总数（万人）	劳动力资源总数占人口总数比重（%）	劳动力资源利用率（%）
2000	2566	3203	67.4	80.1
2001	2578	3268	68.3	79.0
2002	2589	3338	69.2	77.6
2003	2601	3408	70.2	76.3
2004	2649	3486	71.3	76.0
2005	2703	3536	71.8	76.4
2006	2760	3588	72.3	76.9
2007	2769	3631	72.6	76.3
2008	2799	3668	72.6	76.3
2009	2849	3699	72.6	76.3

---

①　根据国家统计局，劳动力的统计口径是指在 16 周岁及以上，有劳动能力，参加或要求参加社会经济活动的人口。包括就业人员和失业人员。

年份	从业人员（万人）	劳动力资源总数（万人）	劳动力资源总数占人口总数比重（%）	劳动力资源利用率（%）
2010	2903	3732	72.3	77.8
2011	2936	3777	72.7	77.7
2012	2768	3349	71.5	82.7
2013	2782	3373	71.5	82.5
2014	2795	3399	71.5	82.3
2015	2820	3438	71.7	82.0
2016	2841	3465	71.6	82.0
2017	2842	3498	71.6	81.3
2018	2848	3528	71.6	80.7
2019	2853	3555	71.7	80.3

资料来源：广西统计年鉴（2001~2020）。

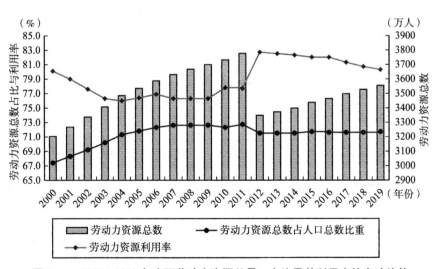

图4-1 2000~2019年广西劳动力资源总量、占比及其利用率的变动趋势

由表4-1及图4-1可知，2000~2011年广西劳动力资源总数逐年攀升，是广西人口红利的集中爆发期，到2011年达到顶峰，为3777万

人。但 2012 年出现了大幅下降，之后缓慢上升，目前基本稳定在 3500 万人以上。劳动力资源总数占人口总数的比重基本上也是相似的变动过程，2011 年达到顶峰，为 72.7%，2012 年下降至 71.5%，之后基本稳定在这个水平上，略有提升。从劳动力资源利用率来看，大体可以分为三个阶段，2000～2004 年呈不断下降趋势，2005～2012 年呈波动上升态势，并于 2012 年达到 82.7% 的峰值，2012 年之后是第三阶段，呈缓慢下降趋势，目前基本稳定在 80% 以上。由此可见，虽然广西人口红利的高峰期已过，但是劳动力资源总数并未进入下降通道，而是缓慢上升；而且由于广西的人口结构相对年轻，随着时间的推移，劳动力资源总数占人口总数的比重也会随之上升。因此，广西未来的人口红利仍有一定的潜力。但是，由于经济总量偏小、就业岗位不足，造成劳动力资源流失、利用率大幅低于全国平均水平，并且呈现出缓慢下降态势，非常令人担忧。

从产业视角分析，2019 年末全区从业人员 2853 万人，其中，第一产业 1388 万人，占 48.7%；第二产业 492 万人，占 17.2%；第三产业 973 万人，占 34.1%。广西第一产业的劳动生产率为人均每年 2.44 万元，第二产业的劳动生产率为人均每年 14.39 万元，第三产业的劳动生产率为人均每年 11.07 万元。第一产业的经济效益最低，但广西将近一半的劳动力资源集中在第一产业，这个比例比全国平均水平要高出 23 个百分点，这或许是广西发展滞后的重要原因。因此，将广西丰富的劳动力资源向第二产业、第三产业转移，尽快地完成工业化、城镇化，可以作为推动广西经济高质量发展的重要措施。

从受教育程度视角分析，2019 年末广西 6 岁及以上人口，文盲率为 3.7%，较全国平均水平 5.1% 略低，但是广西大学本科及以上人口占比仅为 3.6%，较全国平均水平 6.3% 差距很大，特别是研究生层次的人口占比更低，仅为 0.2%，约为全国平均水平的 1/3。由此可见，人力资源质量偏低是制约广西高质量发展的重要因素。

三、物质资本状况

从金融角度分析，2019 年末广西全区金融机构本外币各项存款余额 31646.01 亿元，贷款余额 30497.39 亿元。GDP 与金融机构本外币各项存款余额的比值为 67%，该指标的全国平均水平为 50%，说明广西金融资本对 GDP 的拉动作用更强，也侧面说明广西的金融资本更加稀缺。据统计，2019 年广西资金存量仅为广东的 13.6%，不足北京的 1/5，在全国 31 个省份（港澳台地区除外）中排名第 21 位，在西南民族地区仅高于贵州省。按金融机构人民币各项存款余额计算，2019 年广西人均各项存款余额 63518 元，仅为全国平均水平的 45.1%。进一步说明了广西金融资本的稀缺。

从财政角度分析，2019 年广西全区财政收入 2969.22 亿元；一般公共预算收入 1811.89 亿元，在全国 31 个省份（港澳台地区除外）中排名倒数第 10 位，人均一般公共预算收入 3653 元，在全国 31 个省份（港澳台地区除外）中排名倒数第 3 位，仅高于黑龙江和甘肃。2019 年广西全区税收收入 1146.78 亿元，税收收入占一般公共预算收入的比重为 63.3%，在全国 31 个省份（港澳台地区除外）中排名倒数第 2 位，与此同时，广西行政事业性收费收入占一般公共预算收入的比重为 5.1%，高居全国第 6 位。可见广西税源不广、税费改革不到位。2019 年广西全区一般公共预算支出 5849.02 亿元，民生重点领域支出 4691.59 亿元，占一般公共预算支出的比重为 80.2%①。这一方面说明地方政府对民生支出的重视，另一方面也说明民生支出是刚性支出，广西财政忙于保饭碗，在发展上捉襟见肘。

从资本存量（净资产）角度分析，2019 年末广西规模以上工业企业资本存量为 6556 亿元，有资质的独立核算建筑业企业资本总额为 1046 亿元，限额以上批发和零售业企业资本总额为 1422 亿元，限额以

① 资料来源于广西壮族自治区 2019 年国民经济和社会发展统计公报。

上住宿和餐饮业企业资本总额为 79 亿元。这是广西企业的主要家底，是广西经济高质量发展最重要的物质基础，但与兄弟省份相比，无论数量还是质量都显得比较薄弱。

四、基础设施状况

2019 年末广西全区公路总里程 12.78 万千米，其中高速公路里程 6026 千米，高速公路总里程居全国第 11 位。2019 年末铁路营业总里程 5206 千米，居全国第 12 位，其中，高速铁路营业里程 1792 千米。全区港口 13 个，其中包括 10 个内河港口和北海、防城港、钦州 3 个海港，总码头长度为 73984 米，2019 年港口客运量为 770 万人次，货物总吞吐量为 3.79 亿吨，其中外贸货物吞吐量 1.39 亿吨。港口集装箱吞吐量 494.68 万箱。民航客运量 2904 万人次。全区移动电话用户 5128 万户。平均每百人拥有移动电话 103.4 部。固定互联网宽带接入用户比上年末增加了 326 万户，达到 1684 万户；移动互联网接入流量大幅上涨，较 2018 年增长 84.5%，达到 42.20 亿 G。全区所有的行政村接入了互联网宽带。

横向比较分析，2019 年末广西铁路网密度、公路网密度、高速公路网密度、城市用水普及率、城市公共厕所数量、生活垃圾无害化处理率等反映基础设施基本状况的指标及横向比较如表 4-2 所示。

表 4-2　　2019 年广西基础设施基本状况相关指标及横向比较

指标	广西	贵州	云南	重庆	四川	全国
铁路网密度（千米/万平方千米）	219.0	213.0	102.9	286.3	102.9	145.8
公路网密度（千米/万平方千米）	5380	11621	6660	21100	6936	5221
高速公路网密度（千米/万平方千米）	253.6	397.6	152.4	392.4	154.8	155.8
城市用水普及率（%）	98.9	98.33	97.08	97.89	95.89	98.8
城市公共厕所数量（座）	1784	2275	4610	4606	6627	153426
城市生活垃圾无害化处理率（%）	100.0	99.8	98.3	99.8	96.6	99.2

资料来源：中国统计年鉴（2020）。

由表 4-2 可见，广西铁路网密度、公路网密度及高速公路网密度均领先全国平均水平；在西南五省（自治区、直辖市）中铁路网密度排第 2 名、高速公路网密度排第 3 名、公路网密度排第 5 名；但与发达地区相比还有较大差距。总体来看，广西的铁路、高速公路等交通基础设施在西部地区算是比较好的，但是公路网密度偏低，特别是县级以下的公路通达便捷度亟待提升。从城市用水普及率来看，广西在西南五省（自治区、直辖市）中第 1 名，略高于全国平均水平；从城市公共厕所数量来看，广西在西南五省（自治区、直辖市）中第 5 名，城市基本卫生设施非常落后；从城市生活垃圾无害化处理率来看，广西是西南五省（自治区、直辖市）中唯一达到 100% 的省份，说明其环卫意识值得称赞。

五、自然资源状况

（一）土地资源

广西土地总面积 23.76 万平方千米，在各省、自治区、直辖市中居第 9 位。山多地少是广西土地资源的主要特点，2019 年末广西林地面积 1329.49 万公顷，耕地面积 438.59 万公顷，水域及水利设施用地 85.76 万公顷，人均耕地约 1.20 亩。

（二）矿产资源

广西矿产资源种类多、储量大，是全国 10 个重点有色金属产区之一。2019 年广西锰矿矿石资源储量 44842 万吨，占全国查明资源储量的 23.4%；铝土矿矿石资源储量 108823 万吨，占全国查明资源储量的 19.9%；锡矿金属资源储量 73 万吨，占全国查明资源储量的 16.1%；锑矿金属资源储量 53 万吨，占全国查明资源储量的 15.4%；重晶石矿石资源储量 5496 万吨，占全国查明资源储量的 14.4%。此外，广西的砷、镁、硫铁矿、煤矿等矿产资源储量丰富。在已查明资源储量的矿产中，广西有 8 种资源储量居全国第 1 位。

（三）其他资源

广西全年平均气温 21 摄氏度、平均日照 1400 多小时、平均降水量 1600 毫米，气候宜人，风景优美，旅游资源丰富，有秀甲天下的"桂林山水"，截至 2019 年末，4A 级及以上景区 254 家，居全国第二位。广西森林资源丰富，2019 年末森林面积 1484 万公顷，按常住人口计算，人均森林 4.5 亩，活立木蓄积量 80711 万立方米，森林覆盖率达到 62.5%。广西水利资源丰富，境内有西江、桂江、柳江、郁江、红水河等河流，地表水资源量 2103.83 亿立方米，水利资源蕴藏量 2173.90 万千瓦。广西农业资源丰富，甘蔗产量占全国总产量的 68%，是我国最重要的糖产区，广西盛产水果，被誉为"水果之乡"，主要品种有火龙果、罗汉果、芒果、荔枝、龙眼、番石榴、金桔、蜜橘等。广西海洋资源丰富，海岸线曲折，天然港湾众多，有"海洋卫士"之称的红树林 9300 平方千米，占全国总面积的 40%。北部湾是我国著名的渔场，海洋生物物种资源丰富，已知有 600 多种鱼类、200 多种虾类、190 多种蟹类、200 多种浮游动物、近 300 种浮游植物，此外，北海合浦盛产珍珠，驰名中外。

第二节　从微观视角看广西经济高质量发展的现实基础

一、企业活力状况

2019 年末广西全区企业单位数量为 49.7 万家，产品质量合格率为 91.11%，低于 93.86% 的全国平均水平。农林牧渔业总产值达到

5498.81 亿元；规模以上工业企业 6185 家，营业收入达到 17441 亿元；有资质的独立核算建筑企业 1630 家，总产值为 5407 亿元；限额以上批发和零售业企业 4418 家，营业收入 9387 亿元；限额以上住宿和餐饮企业 1166 家，营业收入 152 亿元。2019 年广西各行业总体的资产负债率和净资产收益率情况如表 4 - 3 所示。

表 4 - 3　2019 年广西各行业总体的资产负债率和净资产收益率情况　单位：%

行业/指标	资产负债率		净资产收益率	
	广西水平	全国平均水平	广西水平	全国平均水平
规模以上工业企业	63.62	56.48	14.09	12.54
有资质的独立核算建筑业企业	67.68	68.77	9.81	10.33
限额以上批发业企业	72.84	72.88	8.20	14.86
限额以上零售业企业	67.67	70.35	11.62	12.37
限额以上住宿业企业	77.82	76.27	- 10.22	- 2.93
限额以上餐饮业企业	75.67	70.35	23.08	15.35

资料来源：中国统计年鉴（2020）、广西统计年鉴（2020）。

企业活力一般表现为盈利能力强、财务风险小。由表 4 - 3 可见，广西规模以上工业企业、限额以上住宿和餐饮业企业资产负债率较全国平均水平略高，特别是在经济弱周期，财务风险较大；广西建筑业企业、限额以上批发业、零售业及住宿业企业净资产收益率均低于全国平均水平，说明这些行业盈利能力亟待加强，特别是住宿业高负债、高亏损，行业景气度不足，企业风险较大。

（一）工业企业

2019 年末广西规模以上工业企业资产总额达到 18021 亿元，其中营业收入达到 17441 亿元，利润总额达到 924 亿元，总体资产负债率为 63.6%，总体资产利润率为 5.1%，较全国平均水平略低，总体净资产收益率为 14.1%，较全国平均水平略高。但是 2019 年广西规模以上工业企业利润比 2018 年下降了 15.4%，而同期全国规模以上工业企业利润比只下降了 8.1%，说明广西工业企业在宏观经济环境复杂、经济下行压力加大时更为脆弱，抗风险能力较弱。

从结构角度看，按资产规模计算，广西规模以上工业企业有 53% 布局在柳州、南宁、百色和防城港四市；按利润规模计算，北海、柳州、南宁和梧州四市贡献了广西规模以上工业企业 50% 的利润。从企业类型分析，广西规模以上工业企业中内资企业的资产总额占比为 81.90%、利润总额占比为 74.96%，港澳台商投资企业的资产总额占比为 5.91%、利润总额占比为 11.90%，外商投资企业的资产总额占比为 12.19%、利润总额占比为 13.13%；国有控股企业资产总额占比为 48.17%、利润总额占比 32.94%；重工业企业资产总额占比为 79.85%、利润总额占比 83.12%，轻工业企业资产总额占比为 16.88%、利润总额占比为 74.96%；大、中、小、微型工业企业资产总额占比分别为 38.67%、26.92%、30.12%、4.30%，利润总额占比分别为 33.39%、31.68%、33.35%、1.57%。说明广西工业企业布局不均衡，企业竞争力外资优于内资、民企优于国企、重工业企业优于轻工业企业、中小企业优于大型企业和微型企业。

从产品角度看，2018～2019 年广西主要工业产品产量及变化情况如表 4-4 所示。2019 年广西化学原料药、中成药、汽车、发动机、铁合金等工业产品产量同比出现了负增长，说明这些细分行业的景气度不强，企业活力不足。

表 4-4 　　　2018～2019 年广西主要工业产品产量及变化情况

产品名称	2018 年	2019 年	变化量	增长率
发电量（亿千瓦小时）	1752.02	1846.27	94.25	5.38%
水泥（万吨）	11327.73	11938.45	610.72	5.39%
粗钢（万吨）	2243.43	2662.71	419.28	18.69%
生铁（万吨）	1426.77	1466.12	39.35	2.76%

产品名称	2018 年	2019 年	变化量	增长率
钢材（万吨）	3194.09	3346.74	152.65	4.78%
铁合金（万吨）	346.55	324.79	-21.76	-6.28%
十种有色金属（吨）	2859201	3737872	878671	30.73%
铝（吨）	1676019	2278022	602003	35.92%
锌（吨）	498538	502591	4053	0.81%
汽车（辆）	2148946	1830327	-318619	-14.83%
客车（辆）	2910	2627	-283	-9.73%
发电量（亿千瓦小时）	1752.02	1846.27	94.25	5.38%
机制纸及纸板（万吨）	281.44	324.16	42.72	15.18%
成品糖（万吨）	647.44	792.20	144.76	22.36%
化学原料药（吨）	28679	16598	-12081	-42.12%
中成药（吨）	322078	186481	-135597	-42.10%
原油加工量（万吨）	1598.76	1637.28	38.52	2.41%
发动机（万千瓦）	19300.72	18162.94	-1137.78	-5.90%

资料来源：广西统计年鉴（2020）。

（二）建筑业企业

2019 年广西建筑业总产值为 5407 亿元，劳动生产率为 37.9 万元/人（低于全国平均水平），利税总额为 235 亿元，其中，利润总额 103 亿元，税金总额 132 亿元。产值利税率为 4.4%，在全国处于非常低的水平，位居倒数第二名，说明广西建筑企业单位产值的获利能力明显不足。需要注意的是，广西建筑业税金总额占利税总额的比重为 56.35%，高居全国第 6 位，说明广西建筑业的税负水平较高。这或许是影响广西建筑企业积极性、进而影响利税创造能力的原因之一。

（三）批发和零售业企业

2019 年广西限额以上批发业企业营业收入 7526.8 亿元，利税总额为 90.1 亿元。总资产利润率为 2.2%，净资产收益率为 8.2%，均大幅低于全国平均水平；税金及附加占营业收入的比重为 0.96%，税金及附加占利润总额的比重为 80.36%，均大幅高于全国平均水平。说明广西批发业企业的税负水平高，盈利能力差。

2019 年广西限额以上零售业企业营业收入 723.6 亿元，利税总额为 31.6 亿元。总资产利润率为 3.7%，净资产收益率为 11.6%，与全国平均水平基本持平；税金及附加占营业收入的比重为 0.30%，税金及附加占利润总额的比重为 14.67%，均大幅低于全国平均水平。说明广西零售业企业的税负水平较低，盈利能力尚可。

（四）住宿和餐饮业企业

2019 年广西限额以上住宿业企业营业收入 92.1 亿元，利税总额为 −7.0 亿元。总资产利润率为 −2.25%，净资产收益率为 −10.22%，虽然同期全国限额以上住宿业企业也呈现出亏损状态，但广西住宿业的亏损程度更为严重；从税负角度，广西住宿业企业税负水平略低于高于全国平均水平。

2019 年广西限额以上餐饮业企业营业收入 59.6 亿元，利税总额为 2.4 亿元。总资产利润率为 5.36%，净资产收益率为 23.08%，均大幅高于全国平均水平；税金及附加占营业收入的比重为 1.01%，税金及附加占利润总额的比重为 25.00%，均大幅高于全国平均水平。说明广西餐饮业企业的税负水平较高，利润水平也较高，行业景气度不错。

另外，2019 年末广西全区上市公司（A 股）数量为 38 家，市价总值 2891.44 亿元，无论数量还是规模都非常小。

二、居民生活状况

（一）收入方面

2019 年广西全区居民人均可支配收入 23328 元，其中城镇居民人均可支配收入 34745 元，约为全国平均水平的 82%；农村居民人均可支配收入 13676 元，约为全国平均水平的 85%。全区农民工人均月收入 3909 元。城镇居民人均可支配收入主要来源于工资性收入，占 55.7%，财产净收入仅占 8.4%。农村居民可支配收入主要来源于经营性收入，占 41.1%，财产净收入仅占 2.5%。

按五等分收入分组，城镇居民前 20% 高收入户人均可支配收入 81383 元，后 20% 低收入户人均可支配收入 12891 元，前者是后者的 6.3 倍，比全国平均水平略高，与 2015 年的 5.2 倍相比，收入差距有进一步扩大的趋势；农村居民前 20% 高收入户人均可支配收入 30118 元，后 20% 低收入户人均可支配收入 6866 元，前者是后者的 4.4 倍，大幅低于全国平均水平，与 2015 年相比，收入差距有进一步缩小的趋势。若将城镇居民前 20% 高收入户人均可支配收入与农村居民后 20% 低收入户人均可支配收入相比，则差距更大，前者是后者的 11.9 倍，但大幅低于全国平均水平。综合来看，广西城镇居民收入差距略大、农村居民收入差距较小，城乡居民收入差距低于全国平均水平。

（二）消费方面

2019 年广西全区居民人均消费支出 16418 元，全区居民恩格尔系数为 30.6%，社会消费品零售总额 82008671 万元，CPI（居民消费价格指数）同比上涨 3.7%，PPI（生产价格指数）同比下降 0.7%，民用汽车保有量 675.72 万辆、城镇居民人均住房面积 41.65 平方米。2015~2019 年广西城镇居民人均现金消费支出情况如表 4-5 所示。食品烟酒消费支出占比由 2015 年的 39.5% 下降到了 2019 年的 35.2%，教育文化娱乐消费支出占比由 2015 年的 13.3% 上升到了 2019 年的 14.6%，说明广西城镇居民的消费结构在升级、生活水平在提高。

表 4 – 5   2015 ～ 2019 年广西城镇居民人均现金消费支出情况   单位：元

项目	2015 年	2016 年	2017 年	2018 年	2019 年
现金消费支出	13807	14653	15560	16966	17910
一、食品烟酒	5461	5785	5914	5968	6305
二、衣着	846	886	908	967	973
三、居住	1485	1555	1615	1729	1844
四、生活用品及服务	942	1023	1076	1212	1197
五、交通通信	2243	2250	2599	2899	3173
六、教育文化娱乐	1843	2002	2151	2465	2608
七、医疗保健	668	860	956	1284	1361
八、其他用品和服务	319	292	341	442	449

资料来源：广西统计年鉴（2020）。

（三）医疗卫生方面

2019 年末广西全区医疗卫生机构 12837 个，卫生技术人员 34.1 万人，每千人拥有卫生技术人员 6.88 人，略低于全国平均水平。医疗卫生机构床位 27.8 万张，每千人中医院、卫生院病床数 5.6 张，比全国平均水平低 0.7 张。说明广西医疗卫生条件有待进一步改善。

（四）文化教育方面

2019 年广西教育经费支出 1014.5 亿元，教育经费支出占 GDP 的比重为 4.78%。2019 年末广西培养研究生单位 14 所，普通高等学校 78 所，培养研究生单位在校学生数 3.8 万人，普通高等学校在校学生数 107.6 万人，平均每万人高等学校在校学生数为 217 人，其中，财经商贸类、教育与体育类、土木建筑类、电子信息类、装备制造类专业在校生人数最多。小学学龄儿童入学率 99.8%。

（五）脱贫攻坚和社会保障方面

2019 年末广西全区贫困发生率 1.2%，比上年末大幅下降。33 个国家贫困县农村居民人均可支配收入 11958 元，同比增长 11.1%。脱贫攻坚成效明显。2019 年末广西全区提供住宿的社会服务机构和设施 12217 个，城乡居民社会养老保险参保人数 1983.7 万人，城镇基本医疗保险年末参保人数 5207.2 万人。

第三节　从新发展理念视角看广西经济高质量发展的现实基础

一、创新发展状况

2019 年末广西全区国家级高新技术开发区 4 个，高新技术企业 365 家，高新技术企业从业人员 12 万，营业收入 1536 亿元，利润总额 127 亿元。总体水平在西南民族地区比云南、贵州略高，但和重庆、四川相比还有很大差距。全区科技机构数 866 个，其中科技部门所属科研机构 108 个，全日制高等院校所属科研机构 348 个。2019 年广西 R&D 活动人员折合全时人员 47420 人，研究与发展经费内部支出 167.13 亿元，其中基础研究支出 14.99 亿元，占 9%；应用研究支出 16.86 亿元，占 10%；试验发展支出 135.28 亿元，占 81%。从资金来源看，企业资金占 69.5%、政府资金占 27.7%，境外资金仅占 0.11%。2019 年广西技术市场成交额 77.56 亿元，占 GDP 的比重为 0.37%，不足全国平均水平的 1/6。规模以上工业企业新产品销售收入 1838.24 亿元，占规模以上工业企业营业收入的 10.54%，约为全国平均水平的 1/2。可见，广西的创新成效亟待提高。

从工业企业视角看，2019 年末广西工业企业科技活动人员 5.57 万人，专利申请数 6373 项，研究与发展经费内部支出 104.47 亿元（其中试验发展支出占 98.8%），新产品开发经费支出 144.52 亿元，技术改造经费支出 174.88 亿元，购买境内技术经费支出 2 亿元，引进境外技术经费支出 0.67 亿元，引进技术的消化吸收经费支出 0.04 亿元。可见，广西工业企业技术创新以自主研发和技术改造为主，技术引进和基础研究占比很小。

2019 年广西全区安排科学研究与技术开发计划项目 2649 项，资助经费 8.18 亿元。取得省部级以上登记科技成果 3491 项，获广西科技进步奖项目 157 项，专利申请量 41974 件，其中发明专利申请量 12460 件，每万人口发明专利拥有量为 4.6 件，技术合同成交金额 39.43 亿元，比上年增长 55.5%。

创新战略引领下，广西的发展新动能逐步增强。但是广西 R&D 经费投入强度长期处于低水平，2019 年研发经费占 GDP 的比重仅为 0.79%，大约是北京的 1/8，全国平均水平的 1/3。由于经济总量小，R&D 经费投入绝对量与各省区之间的差距更大。2019 年全区规模以上工业企业研发投入强度 0.49%，仅为全国平均水平的 34.8%，在西南 5 省（区、市）中排在倒数第一位。广西工业企业的研发投入主要集中在上汽通用五菱、柳钢、玉柴等几个大企业，其他企业的研发能力非常薄弱。此外，广西缺乏综合性高水平大学，高层次科研机构较少，国家级重点实验室仅 3 家。高层次人才发展的载体、平台缺乏，或许是广西留不住、引不进高层次人才的重要原因，这直接导致了广西缺乏具有较高学术地位的学术带头人、区域创新活动影响力不大、基础研究和自主创新能力薄弱。

从数字经济视角看，《中国数字经济发展白皮书（2020 年)》显示，2019 年广西数字经济增加值规模超过了 5000 亿元，在全国各省份中排名第 17 位，数字经济占 GDP 的比重超过了 30%，在全国各省份中排名第 11 位。但是数字产业化的步伐相对缓慢，2019 年广西数字产业化增加值不足 1000 亿元，占 GDP 的比重不足 5%①。另据《中国数字经济

---

① 中国数字经济发展白皮书（2020）［R］. 北京：中国信息通信研究院，2020：19－20.

就业发展研究报告：新形态、新模式、新趋势（2021年）》显示，广西数字经济招聘规模不足全国1%，数字经济平均月薪位列全国倒数第4名。广西数字经济招聘岗位的产业聚集度表现为第三产业大于第二产业、第二产业大于第一产业，其中，数字经济在第三产业有一定的聚集优势，第一、第二产业则不明显。需要注意的是，广西的数字经济高端岗位聚集度位列全国倒数第2名，仅高于同属西南民族地区的云南省，而倒数第3名的是贵州省，说明西南民族地区高层次数字经济人才短缺的问题已经非常严重，而且人才短缺会进一步抑制数字经济的发展，形成恶性循环，不利于区域经济创新动能的培育[①]。

二、协调发展状况

协调发展状况可以从城乡协调发展、区域协调发展和经济结构协调发展三个维度来衡量，下面以广西为例进行逐一分析。

（一）城乡协调发展

2019年广西居民人均可支配收入23328元，仅为全国平均水平的76%。其中，城镇居民人均可支配收入34745元，农村居民人均可支配收入13676元。城乡居民人均可支配收入比为2.54，比全国平均水平2.64略低。

2019年广西居民人均消费支出16418元，也是全国平均水平的76%。其中，城镇居民人均消费支出21591元，农村居民人均消费支出12045元。城乡居民人均消费支出比为1.79，比全国平均水平2.11略低。从消费结构看，广西居民食品支出总额占个人消费支出总额的比重为30.6%，城乡之间差距不大，但都高于全国平均水平，说明广西居民的消费结构还比较低级。

---

① 中国数字经济就业发展研究报告：新形态、新模式、新趋势（2021）［R］.北京：中国信息通信研究院，2021：21－23.

综上可知，广西城乡发展的差距较全国水平更为均衡，城乡发展不协调的矛盾并不突出。但是，广西各项指标全面落后于全国平均水平，说明广西经济发展的主要矛盾不是城乡发展不平衡的矛盾，而是城乡发展不充分的矛盾。相比农村与农村的差距，广西城镇与全国城镇平均水平的差距更大。从城镇化率的角度分析，2019 年全国城镇化率为60.6%，广西落后全国平均水平将近 10 个百分点。因此，广西应加快新型城镇化建设的步伐。

（二）区域协调发展

从区域经济协调发展的视角分析，广西以"北部湾经济区"和"珠江—西江经济带（广西 7 市）"双核驱动为发展战略。2019 年，北部湾经济区 4 市（南宁、北海、钦州、防城港）土地面积占比为 18.2%，常住人口占比为 26.9%，地区生产总值（GDP）占比为 37.0%，公共财政预算收入占比为 30.6%，公共财政预算支出占比为 23.1%，社会消费品零售总额占比为 39.3%，进出口总额占比为 43.7%。珠江—西江经济带广西 7 市（南宁、柳州、梧州、贵港、百色、来宾、崇左）土地面积占比为 55.0%，常住人口占比为 54.4%，地区生产总值（GDP）占比为 59.0%，公共财政预算收入占比为 49.8%，公共财政预算支出占比为 48.3%，社会消费品零售总额占比为 62.6%，进出口总额占比为 68.9%。总体来看，广西两大经济区有一定的带动和辐射能力，特别是在拉动消费和扩大出口两个方面，发挥了较好的引领作用。但是整体带动能力并不强。

近年来广西实施了强首府战略，南宁地区生产总值（GDP）占全区的比重由 1989 年的 16.2% 上升到 2019 年的 21.2%，30 年提高了 5 个百分点。按 GDP 计算的城市首位度由 1989 年的 1.27 上升到 2019 年的1.44。与全国其他省会城市相比，南宁的经济规模偏小，经济带动和辐射能力不强。2019 年，广西人均 GDP 最高的城市是柳州，为 77056 元，人均 GDP 最低的城市是河池，为 24703 元，柳州人均 GDP 是河池的

3.12 倍，差距较大。由此可见，广西区域经济发展既面临着各城市、各地区发展不平衡的问题，又面临着整体发展不充分，发展水平过低，核心城市经济规模不大，辐射和引领作用不强的问题。

（三）经济协调发展

2019 年广西全区生产总值（GDP）21237.14 亿元，同比增长 6.0%。其中，第一产业增加值 3387.74 亿元，第二产业增加值 7077.43 亿元，第三产业增加值 10771.97 亿元。第一、二、三产业增加值占地区生产总值的比重分别为 16.0%、33.3% 和 50.7%，对经济增长的贡献率分别为 15.2%、32.5% 和 52.3%。按常住人口计算，全年人均地区生产总值 42964 元，同比增长 5.1%。全员劳动生产率为 74497 元/人，同比增长 5.8%。

对比全国平均水平及先进省份三次产业占比及其对经济增长的贡献率发现，2019 年我国第一、二、三产业增加值占地区生产总值的比重分别为 7.1%、39.0% 和 53.9%，对经济增长的贡献率分别为 3.8%、36.8% 和 59.4%；2019 年广东省第一、二、三产业增加值占地区生产总值的比重分别为 4.0%、40.5% 和 55.5%，对经济增长的贡献率分别为 2.6%、33.6% 和 63.8%。说明广西的产业结构还处于工业化的初期，第一产业占比仍然较高，第二产业不强，第三产业发展不充分。

从广东的产业发展变化规律来看，随着工业化的深入，第一产业的占比持续下降，从 1979 年的 31.8% 下降到了 2019 年的 4%；第二产业呈现出"先升后降"的倒"U"形曲线形状，1979 年第二产业占比为 43.8%，2006 年达到峰值，占比为 50.7%，之后持续下降，到 2019 年降至 40.5%；随着工业化程度的提高和产业结构的升级，以现代服务业为代表的第三产业显示出强劲的动力，呈现出不断上涨的态势，广东第三产业占比从 1979 年的 24.4% 上升到了 2019 年的 55.5%。由此可见，广西工业化、现代化的进程还比较缓慢，广东第一产业占比超过 16% 还是在 1993 年（30 年前），我国第一产业占比超过 16% 还是在

1999 年（24 年前）。广东从第一产业占比 16.1%（1993 年）到第二产业占比达到峰值（2006 年），基本完成工业化进程，用了 13 年时间；我国从第一产业占比 16.1%（1993 年）到第二产业占比达到峰值（2000 年），基本完成工业化进程，用了 7 年时间。因此，广西要想基本完成工业化，大概还需要 7～13 年的时间。

从细分行业的规模以上工业企业分析，2019 年广西工业资产规模超千亿元的行业依次是电力、热力的生产和供应业，有色金属冶炼及压延加工业，黑色金属冶炼及压延加工业，汽车制造业；利润规模超过 30 亿元的行业依次是水泥制造业，计算机、通信和其他电子设备制造业，黑色金属冶炼及压延加工业，有色金属冶炼及压延加工业，汽车制造业，电力、热力的生产和供应业。可见，广西工业仍以高耗能的资源型产业为主导，传统产业向新兴产业调整的进程缓慢。

从实体经济与虚拟经济的角度分析，按照中国社会科学院经济研究所所长黄群慧研究员的标准，狭义的是实体经济仅指制造业；一般意义上的实体经济还包括农业、建筑业和其他工业；广义的实体经济范畴进一步扩张，还包括除金融和房地产以外的服务业。相应地，虚拟经济则主要是指金融业和房地产业。按照狭义标准，2019 年广西实体经济占比为 24.9%，大幅低于全国平均水平 32.1%；按照一般标准，2019 年广西实体经济占比为 49.3%，比全国平均水平 46.1% 略高，但其中农业占比很大，实体经济的质量和效益很差；按照广义的标准，2019 年广西实体经济占比为 84.6%，比全国平均水平 85.1% 略低。说明广西虚拟经济（金融业和房地产业）占比偏高，经济脱实向虚的风险需要警惕。特别需要警惕的是房地产泡沫，2017 年广西房地产业增加值占 GDP 的比重仅为 4.3%，但 2019 年快速上涨到了 8.5%，已经高于 7.0% 的全国平均水平，而且增速极快，需要引起高度重视。

三、绿色发展状况

生态环境方面，2019 年广西森林覆盖率达到 62.45%，建成国家级自然保护区 23 个，全年地表水考核断面水质优良率达到 96.2%，近岸海域监测水质优良率达到 90.9%，其中一类海水水质标准占比达到 77.4%。空气质量明显改善，空气质量达标以上城市较 2018 年增加 3 个。污水处理能力有所提升，城镇污水处理率达到 95.6%，城镇生活垃圾无害化处理率达到 99.9%。人均公园绿地面积持续增加，城镇建成区绿地率达到 34.3%。但新增水土流失治理面积 2000.8 平方千米，四类、劣四类海水占比仍有 9%。

具体来看，2020 年广西 14 个地级市空气质量及变化情况如表 4 - 6 所示。其中，CMP 为 PM2.5 和 PM10 的综合检测指标。广西 14 个城市空气质量优良天数比例均在 93% 以上，其中，除了来宾市外，空气质量优良天数比例均在 96% 以上，且 14 个城市 CMP 平均浓度均呈现下降的态势。

表 4 - 6　　　　　2020 年广西 14 个地级市空气质量及变化情况

城市	排名	监测指标	平均浓度	变化百分比	优良天数比例	监测时间
北海	1	CMP	2.66	- 0.39	98.9	2020 年 1 ~ 12 月
防城港	2	CMP	2.69	- 0.46	99.7	2020 年 1 ~ 12 月
河池	3	CMP	2.80	- 0.22	97.8	2020 年 1 ~ 12 月
崇左	4	CMP	2.84	- 0.27	98.1	2020 年 1 ~ 12 月
贺州	5	CMP	2.95	- 0.3	97.5	2020 年 1 ~ 12 月
钦州	6	CMP	3.02	- 0.38	99.2	2020 年 1 ~ 12 月
百色	7	CMP	3.10	- 0.15	98.6	2020 年 1 ~ 12 月
南宁	8	CMP	3.12	- 0.48	97.5	2020 年 1 ~ 12 月
柳州	9	CMP	3.13	- 0.59	96.7	2020 年 1 ~ 12 月
桂林	10	CMP	3.14	- 0.49	96.4	2020 年 1 ~ 12 月
玉林	11	CMP	3.17	- 0.61	98.9	2020 年 1 ~ 12 月
贵港	12	CMP	3.21	- 0.6	96.4	2020 年 1 ~ 12 月
梧州	13	CMP	3.23	- 0.38	99.5	2020 年 1 ~ 12 月
来宾	14	CMP	3.28	- 0.49	93.2	2020 年 1 ~ 12 月

资料来源：广西壮族自治区生态环境厅官网，http: //sthjt. gxzf. gov. cn/。

2020 年 12 月 31 日，广西 14 个地级市空气质量指数及首要污染物情况如表 4 - 7 所示。广西 14 个地级市中有 10 个城市空气质量指数等级为优，南宁、钦州、贺州空气质量指数等级为良，首要污染物是颗粒物（PM10）。

表 4 - 7 　　　　 2020 年 12 月 31 日广西 14 个地级市空气质量
指数及首要污染物情况

城市	空气质量指数（AQI）	级别	首要污染物	监测时间
南宁	52	良	颗粒物（PM10）	2020 年 12 月 31 日
柳州	40	优	—	2020 年 12 月 31 日
桂林	43	优	—	2020 年 12 月 31 日
梧州	49	优	—	2020 年 12 月 31 日
北海	49	优	—	2020 年 12 月 31 日
防城港	50	优	—	2020 年 12 月 31 日
钦州	54	良	颗粒物（PM10）	2020 年 12 月 31 日
贵港	49	优	—	2020 年 12 月 31 日
玉林	47	优	—	2020 年 12 月 31 日
百色	44	优	—	2020 年 12 月 31 日
贺州	51	良	颗粒物（PM10）	2020 年 12 月 31 日
河池	44	优	—	2020 年 12 月 31 日
来宾	46	优	—	2020 年 12 月 31 日
崇左	—	—	—	—

资料来源：广西壮族自治区生态环境厅官网，http://sthjt.gxzf.gov.cn/。

节能减排方面，2019 年广西全区电力消费量 1907 亿千瓦小时，平均每万元 GDP 耗电 898 亿千瓦小时，电耗水平较高，大约为广东的 1.44 倍、北京的 2.72 倍。全年全区总用水量 283.4 亿立方米，其中生态补水增长较快，生活用水、工业用水小幅增长，农业用水小幅下降，人均用水量比 2018 年下降 2.6%，为 569 立方米。总体上，2019 年广西能源消费弹性系数为 0.68，表现尚可；电力消费弹性系数为 2，需要进一步提高效能。

四、开放发展状况

2019 年广西全区货物进出口总额为 4694.70 亿元。其中，出口总额 2597.15 亿元；进口总额 2097.56 亿元。进出口顺差 499.59 亿元，涨幅为 102.5%。广西对东盟国家进出口总额 2334.65 亿元，占广西全部货物进出口总额的 49.7%。广西全年对外实际投资额比 2018 年下降了 65.3%，仅为 3.12 亿美元，说明在全球贸易保护主义加剧的情况下广西企业放缓了对外投资的步伐。同样，广西对外承包工程和劳务合作实际完成营业额也出现了下降。

从进出口的地区结构看，2019 年广西对东盟国家出口总额为 1403 亿元，占全部出口总额的 54%，对东盟国家进口总额为 932 亿元，占全部进口总额的 44%。这说明东盟是广西的最大贸易伙伴。2019 年广西前 5 大进口国家或地区分别是越南、泰国、澳大利亚、中国台湾和南非；广西前 5 大出口国家或地区分别是越南、中国香港、美国、马来西亚和新加坡。从进口产品的结构看，2019 年广西进口前 5 大类产品是机电产品、高新技术产品、自动数据处理设备及其部件、铁矿砂及其精矿和大豆；广西出口前 5 大类产品是机电产品、高新技术产品、自动数据处理设备及其部件、服装及衣着附件和纺织纱线、织物及制品。2019 年广西进口和出口的前 3 大类产品都是机电产品、高新技术产品、自动数据处理设备及其部件。前 3 类合计进口 1404 亿元，占进口总额的 66.9%，合计出口 2046 亿元，占出口总额的 78.8%。这说明广西进出口贸易在先进设备、高新技术和数据处理方面还是比较集中的，尽管其中存在加工贸易甚至贴牌的现象，但方向是正确的。从进出口企业所有制结构看，民营企业占主导，外资企业出口作用明显，国有企业进口作用更加突出。值得注意的是，2016 年以来广西国有企业出口总额及其占比逐年下降，已经从 2016 年的 165 亿元下降到了 2019 年的 70 亿元，占比也从 2016 年的 10.8% 下降到了 2019 年的 2.7%。是出口产品竞争力不足还是其他原因，需要深入分析、高度重视。

2019 年广西货物进出口总额占 GDP 的比重为 22.1%，比全国平均的外贸依存度低了 10 个百分点，广西 14 个地级市中进出口贸易总额低于 100 亿元的有 7 个。另外，广西对外贸易的层次也还比较低级，除一般贸易之外，边境小额贸易是最主要的贸易形式，占进出口贸易总额的 23.2%，其次是进料加工贸易，占进出口贸易总额的 16.8%。广西的外贸第一大市不是南宁而是中越边境的崇左。这说明广西对外贸易的规模较小，层次不高，开放开发的力度明显不够。广西作为西部地区唯一一个沿海省份，应该充分利用好自身的区位优势和资源优势，努力提高对外开放的水平和成效。

五、共享发展状况

共享发展状况，可以从教育、医疗、卫生、社会保障等公共服务供给水平和生活压力、住房压力、就业压力、预期寿命、城镇化率等惠民共享水平进行考察。

（一）公共服务供给水平

2016～2019 年广西人均教育支出、民生支出占地方一般公共预算支出的比重①、每千人拥有卫生技术人员数、城市用水普及率、城市燃气普及率、每万人拥有公共交通车辆、人均城市道路面积、人均公园绿地面积、每万人拥有公共厕所等反映公共服务供给水平的指标如表 4－8 所示。

---

① 此处民生支出的计算口径为：教育支出、医疗卫生与计划生育支出、住房保障支出、社会保障和就业支出四项支出之和。

表 4 - 8   2016～2019 年广西公共服务供给水平相关指标的基本情况

指标	2016 年	2017 年	2018 年	2019 年
人均教育支出（元）	1766.33	1883.73	1894.48	2045.40
民生支出占地方一般公共预算支出的比重（%）	46.09	45.87	44.81	43.33
每千人拥有卫生技术人员数（人）	6.0	6.2	6.5	6.9
城市用水普及率（%）	97.7	97.63	97.8	98.88
城市燃气普及率（%）	95.85	97.8	98.15	98.84
每万人拥有公共交通车辆（标台）	9.77	10.74	10.78	10.1
人均城市道路面积（平方米）	17.06	17.56	19.42	21.92
人均公园绿地面积（平方米/人）	11.77	12.42	13.05	13.52
每万人拥有公共厕所（座）	1.38	1.37	1.4	1.46

资料来源：广西统计年鉴（2020）。

由表 4 - 8 可见，2016～2019 年广西公共服务供给水平各项指标基本呈现积极向好、不断优化的态势，其中，人均教育支出、人均城市道路面积、人均公园绿地面积和每千人拥有卫生技术人员数四项指标，四年间涨幅均在 15% 以上。虽然民生支出占地方一般公共预算支出的比重略有下滑，但教育、医疗、住房、社会保障和就业四项民生支出的绝对量是持续上升的，2019 年较 2016 年上涨了 23.8%。之所以占比下降，主要原因是随着经济综合实力的加强、整体财政收入增长，整体财政支出也随之快速增长，2019 年广西一般公共预算支出较 2016 年上涨了 31.7%，民生支出增长的幅度没有整体财政支出增长的幅度快。这也说明广西将有更多的财力用于科技创新、产业升级等经济发展领域。当然，横向比较的话，广西各项指标在全国并不占优。

（二）惠民共享水平

2019 年广西城镇登记失业率、城镇化率、城市居民最低生活保障人数、农村居民最低生活保障人数、公共图书馆总流通人次、交通事故死亡人数、城乡居民社会养老保险参保人数、城镇职工参加养老保险人数、居民消费价格指数、农产品生产价格指数等反映惠民共享水平的指标如表4-9所示。

表4-9　2016～2019年广西共享惠民水平相关指标的基本情况

指标	2016 年	2017 年	2018 年	2019 年
城镇登记失业率（%）	4	3.9	3.8	3.6
城镇化率（%）	48.08	49.21	50.22	51.09
城市居民最低生活保障人数（万人）	22.6	19.1	12	30.5
农村居民最低生活保障人数（万人）	290.6	253.9	182.2	246.9
公共图书馆总流通人次（万人次）	2066.99	2344.3	2384.6	2113.12
交通事故死亡人数（人）	2246	2247	4459	4379
城乡居民社会养老保险参保人数（万人）	1770.9	1805.9	1889.6	1983.7
城镇职工参加养老保险人数（万人）	751.91	777.79	825.88	869.52
居民消费价格指数（上年=100）	101.6	101.6	102.3	103.7
农产品生产价格指数（上年=100）	106.1	98.2	97.3	115.5

资料来源：广西统计年鉴（2020）。

由表4-9可见，2016～2019年广西共享惠民水平各项指标基本上也是呈现出积极向好、不断优化的态势，其中，城乡居民社会养老保险参保人数、城镇职工参加养老保险人数四年间涨幅均在12%以上，说明广西的养老保障水平不断提升。但是需要注意的是，交通事故死亡人数四年间大幅增长了95%，一方面可能是随着经济发展，车辆普及率提升，交通参与者人数大幅增加；另一方面，也可能是交通预警、管理、培训、教育等服务没有跟上。总之，人民生命安全无小事，必须予以重视，想方设法遏制这种趋势。此外，随着精准扶贫、脱贫攻坚取得重大胜利，广西农村居民最低生活保障人数呈下降趋势；但是由于国际市场需求低迷、国内宏观经济下行压力加大、广西自身创新动能不足、产业结构不优、资源环境约束从紧等原因，整体经济增长速度放缓，物价持续上涨，城市居民生活压力加大，2019 年城市居民最低生活保障人数较 2018 年增长了 1.5 倍。因此，广西在做好精准扶贫、精准脱贫、乡村振兴的同时，对城市困难群众的帮扶、救助和保障也不容忽视。只有这样，才能实现在全面建成小康社会的路上一个都不能少的根本任务。

第五章

我国西南民族地区经济高质量
发展的评价体系及测度分析

本章旨在以广西为例,构建整体区域评价和具体产业评价相结合的多维度、多层次、立体化的高质量发展评价体系,并进行实证分析,为后续找出薄弱环节、提出政策建议奠定基础。

第一节 新发展理念视域下我国省际经济高质量
发展的整体评价与测度分析

习近平总书记强调,"高质量发展就是体现新发展理念的发展,是经济发展从'有没有'转向'好不好'"①。"新发展理念是一个系

---

① 人民日报评论员. 以推动高质量发展为主题——论学习贯彻党的十九届五中全会精神[N]. 人民日报,2020 - 11 - 02(1).

统的理论体系，回答了关于发展的目的、动力、方式、路径等一系列理论和实践问题，阐明了我们党关于发展的政治立场、价值导向、发展模式、发展道路等重大政治问题"①。因此，推动经济高质量发展，必须遵循新发展理念；评价经济高质量发展水平，也应该围绕新发展理念来展开。基于此，本节的逻辑主线是：首先，从新发展理念的五大维度出发，结合经济高质量发展的内在要求构建评价指标体系；其次，基于层次分析法进行指标赋权，运用功效系数法构建经济高质量发展综合指数及各维度的分指数；最后，进行实证测度与分析。

一、新发展理念视域下经济高质量发展的测度指标

（一）创新发展水平的测度指标

创新是经济增长的动力和源泉，也是经济高质量发展的内在要求。创新主要包括技术创新和制度创新。技术创新是推动经济高质量发展的直接动力，体制机制和制度创新则可以最大限度地解放和激发创新要素的潜能与活力。因此，科技创新需要良好的制度供给和制度环境来匹配。新发展阶段，要实现经济高质量发展，关键就在于创新。创新是新发展理念的第一要素，也是经济高质量发展的第一动力。衡量创新水平，可以关注以下四个方面：创新环境能否持续优化、创新投入能否持续增加、创新产出能否持续增长、创新成效能否持续提升。

创新环境受制于经济发展水平和对创新发展的重视程度，前者可以用人均 GDP 来表征，后者可以用科技支出占一般公共预算支出的比重来表征。创新投入主要包括人的投入和物的投入，人的投入可以用

---

① 2021 年 1 月 28 日，习近平总书记在主持党的十九届中央政治局第二十七次集体学习时的讲话，央广网，http：//news. cnr. cn/native/gd/20210129/t20210129_525403397. shtml。

R&D 人员数占总人口的比重来表征，即 R&D 人员投入力度；物的投入可以用 R&D 经费占 GDP 的比重来表征，即 R&D 经费投入强度。创新产出的形式有很多，专利授权数量、专利授权质量和技术市场成交额是最为核心和备受关注的。每万名 R&D 人员专利授权数可以反映专利产出的效率，发明专利授权数占专利授权数的比重可以反映专利产出的质量，技术市场成交额占 GDP 的比重则可以综合反映创新产出的转化和市场认可程度。创新成效集中体现在高新技术产业和新产品销售收入等方面，一般来讲，新产品和高新技术产品占比越高说明创新的成效越好。

（二）协调发展水平的测度指标

习近平总书记指出，"协调既是发展手段又是发展目标，同时还是评价发展的标准和尺度"[①]。考察我国经济协调发展水平，主要应该关注三大领域：一是看区域发展是否协调，二是看城乡发展是否协调，三是看经济结构是否协调。因此，协调发展下设三组指标，第一组指标反映区域协调发展水平，具体包括各省份人均 GDP/全国人均 GDP、各省份居民可支配收入水平/全国居民可支配收入平均水平、各省份居民消费水平/全国平均消费水平 3 个测度指标；第二组指标反映城乡协调发展水平，具体包括城乡收入水平比和城乡消费水平比 2 个测度指标；第三组指标反映经济结构协调发展水平，具体包括高新技术产业投资额占 GDP 的比重、政府消费支出占比、第三产业增加值占 GDP 的比重 3 个测度指标，分别反映投资结构、消费结构和产业结构的协调发展水平。

（三）绿色发展水平的测度指标

绿色发展反映高质量发展的可持续性，不仅关系当前、更关系子孙

---

① 习近平谈治国理政. 第二卷［M］. 北京：外文出版社，2017：205.

后代，不仅关系经济、更关系人民生活的方方面面。因此，习近平总书记高度重视绿色发展，多次强调"绿水青山就是金山银山"。绿色发展要求节能减排、推动低碳循环发展，加快建设主体功能区和生态安全屏障，加大环境治理力度，促进人与自然的和谐共生。基于此，绿色发展下设两组指标，第一组指标反映节能减排、低碳发展水平，主要考察电力等能耗是否降低，废水、废气、固体废物等单位排放是否减少，具体包括单位 GDP 耗电量、单位 GDP 废水排放、单位 GDP 废气排放、单位 GDP 固体废物排放等 4 个指标；第二组指标反映生态文明、环境治理水平，主要考察森林、大气、耕地等生态环境是否良好，垃圾处理、污染治理等环境保护措施是否有力，具体包括森林覆盖率、空气质量二级以上天数、单位耕地农药使用量、生活垃圾无害化处理率、环境污染治理投资占 GDP 比重等 5 个指标。

（四）开放发展水平的测度指标

开放发展是中国特色社会主义现代化建设过程中最根本经验之一，是国家通向繁荣的必由之路，也是经济高质量发展的必然要求。因此，推动经济高质量发展必须坚持对外开放的基本国策，在经济"双循环"的新发展格局下，充分利用国内国外"两个市场""两种资源"，积极推进"一带一路"建设，努力实现更高水平的开放，并在国际市场的竞争中不断提升我国产品和服务的质量、科技创新的水平以及在国际经济体系中的话语权。基于此，开放发展下设三组指标，第一组指标反映开放环境，可以用市场化指数来表征；第二组指标反映开放程度，可以用外贸依存度来表征；第三组指标反映开放成效，具体包括高新技术产业进出口贸易总额占比、对外承包工程营业额占比、外资固定资产投资占 GDP 比重、人均国际旅游收入等 4 个指标[1]。

---

[1]　其中，高新技术产业进出口贸易总额占比 = 高新技术产业进出口贸易总额/货物进出口总额，对外承包工程营业额占比 = 各省份对外承包工程营业额/全国对外承包工程营业额。

（五）共享发展水平的测度指标

共享发展体现了以人民为中心的根本立场，体现了中国共产党的初心和使命，是习近平新时代中国特色社会主义经济思想最鲜明的特点。改革开放以来，我国经济社会发展取得了巨大的成就，综合国力蒸蒸日上，人民生活水平不断提升。但是教育、医疗、社会保障等方面还存在明显的短板，人民群众在生活、就业、住房等方面的压力依然很大。基于此，共享发展下设两组指标，第一组指标反映公共服务供给水平，具体包括民生支出占地方一般公共预算支出的比重、人均教育支出、每千人拥有卫生技术人员数、农村卫生厕所普及率等4个测度指标；第二组指标反映人民生活状况，具体包括居民食品消费支出占比、居民人均可支配收入水平/商品房平均销售价格、城镇登记失业率、平均预期寿命、城市化率等5个测度指标。

二、基于层次分析法构建经济高质量发展评价指标体系

经济高质量发展评价体系由新发展理念五个维度构成，每个维度下设影响因素及测度指标。指标权重的合理性对于经济高质量发展水平的测度结果具有重要影响。常用的指标赋权方法有德尔菲法（Delphi）、层次分析法（AHP）、主成分分析法、熵值法等，本书采用德尔菲法结合层次分析法。

首先，将经济高质量发展水平测度问题按维度、影响因素、测度指标分为三个层次，并在每一层次构造两两比较的判断矩阵。求判别矩阵是层次分析法的核心，根据萨蒂（Satty）的研究成果，可以采用九级分制确定任意两因素的重要性程度之比，若指标 i 比指标 j 更重要，则 $a_{ij} > 1$；反之，则 $a_{ij} < 1$。为了避免单个专家主观判断的片面性，应尽可能广泛地征求理论界和实务界各个领域专家的意见，并对多位专

家的判断分别求平均值，进而构造调整的判断矩阵。

其次，用方根法求判别矩阵的最大特征根和相对应的特征向量，计算步骤如下：

（1）计算判别矩阵每行所有元素的几何平均值 $\overline{W_i} = \sqrt[n]{\prod_{j=1}^{n} \alpha_{ij}}$，$(i = 1, 2, \cdots, n)$，得到 $W = (W_1, W_2, \cdots, W_n)^T$，$\overline{W_i}$ 表示特征向量的一个元素。

（2）将其归一化处理，$W_i = \dfrac{\overline{W_i}}{\sum\limits_{i=1}^{n} \overline{W_i}}$，$(i = 1, 2, \cdots, n)$，得到 $W = (W_1, W_2, \cdots, W_n)^T$ 作为特征向量的近似值，这也是各因素的相对权重。

（3）计算判别矩阵的最大特征值，$\lambda_{\max} = \dfrac{1}{n} \sum\limits_{i=1}^{n} \dfrac{(PW)_i}{W_i}$，（$P$ 表示任意一个判断矩阵）。

最后，为了检查所构造的判断矩阵及由此导出的权重向量是否合理，需要对判断矩阵进行一致性检验（对于一阶与二阶矩阵不需要进行一致性检验）。一致性比率指标 $CR = CI/RI$，式中，CI 为一致性指标，$CI = (\lambda_{\max} - n)/(n-1)$，$RI$ 为平均随机一致性指标，对于 1～9 阶的判断矩阵 RI 值可以通过查表得出，如表 5-1 所示。当 $CR < 0.10$ 时，即认为判别矩阵具有满意的一致性，说明权重分配合理；否则就需要调整判断矩阵，直到取得满意的一致性为止。

表 5-1　　　　　　　　平均随机一致性指标 **RI** 的数值

阶数	1	2	3	4	5	6	7	8	9
RI	0.00	0.00	0.58	0.90	1.12	1.24	1.32	1.4	1.45

根据上述步骤计算，我国经济高质量发展评估指标体系及其权重分配结果如表 5-2 所示。

表 5-2   我国经济高质量发展评价指标体系及其权重

维度	权重	影响因素	权重(%)	测度指标	权重(%)	组合权重(%)
A 创新指数	20%	A1 创新环境	14.4	A11 人均 GDP	50	1.44
				A12 科技支出/地方一般公共预算支出	50	1.44
		A2 创新投入	14.4	A21 R&D 经费/GDP	50	1.44
				A22 R&D 人员数/总人口	50	1.44
		A3 创新产出	39.2	A31 每万名 R&D 人员专利授权数	33.3	2.59
				A32 发明专利授权数/专利授权总数	33.3	2.59
				A33 技术市场成交额/GDP	33.4	2.66
		A4 创新成效	32	A41 新产品销售收入/工业企业主营业务收入	50	3.20
				A42 高新技术产业新产品销售收入/GDP	50	3.20
B 协调指数	20%	B1 区域协调发展	25	B11 各省份人均 GDP/全国人均 GDP	33.3	1.65
				B12 各省份居民收入水平/全国平均收入水平	33.3	1.65
				B13 各省份居民消费水平/全国平均消费水平	33.4	1.70
		B2 城乡协调发展	25	B21 城乡收入水平比	50	2.50
				B22 城乡消费水平比	50	2.50
		B3 经济结构协调发展	50	B31 高新技术产业投资额/GDP	33.3	3.33
				B32 政府消费支出占比	33.3	3.33
				B33 第三产业增加值/GDP	33.4	3.34
C 绿色指数	20%	C1 节能减排	50	C11 单位 GDP 废水排放	25	2.50
				C12 单位 GDP 废气排放	25	2.50
				C13 单位 GDP 固体废物排放	25	2.50
				C14 单位 GDP 耗电量	25	2.50

续表

维度	权重	影响因素	权重(%)	测度指标	权重(%)	组合权重(%)
C 绿色指数	20%	C2 生态环保	50	C21 森林覆盖率	20	2.00
				C22 空气质量二级以上天数	20	2.00
				C23 单位耕地农药使用量	20	2.00
				C24 生活垃圾无害化处理率	20	2.00
				C25 环境污染治理投资/GDP	20	2.00
D 开放指数	20%	D1 开放环境	25	D11 市场化指数	100	5.00
		D2 开放程度	25	D21 外贸依存度	100	5.00
		D3 开放成效	50	D31 高新技术产业进出口贸易总额占比	33.3	3.33
				D32 对外承包工程营业额占比	33.3	3.33
				D33 外资固定资产投资额/GDP	16.7	1.67
				D34 人均国际旅游收入	16.7	1.67
E 共享指数	20%	E1 公共服务供给	50	E11 民生支出占地方一般公共预算支出的比重	25	2.50
				E12 人均教育支出	25	2.50
				E13 每千人拥有卫生技术人员数	25	2.50
				E14 农村卫生厕所普及率	25	2.50
		E2 人民生活状况	50	E21 居民人均可支配收入水平/商品房平均销售价格	20	2.00
				E22 居民食品消费支出占比	20	2.00
				E23 平均预期寿命	20	2.00
				E24 城镇登记失业率	20	2.00
				E25 城市化率	20	2.00
合计						100

三、基于功效系数法构建经济高质量发展综合指数

测度我国经济高质量综合指数，需要先将各类单项指标的具体数值

通过功效函数转化为可以度量的评价分数，即单项功效系数，然后再根据其权重，计算综合功效系数。

（一）单项功效系数的计算

功效系数法下，正向指标和逆向指标的计算公式有所不同。

（1）正向指标的单项功效系数：

$$正向功效系数 = \begin{cases} \dfrac{实际值 - 不允许值}{满意值 - 不允许值} \times 40 + 60 & （实际值 < 满意值） \\ 100 & （实际值 \geq 满意值） \end{cases}$$

（2）逆向指标的单项功效系数：

$$逆向功效系数 = \begin{cases} \dfrac{实际值 - 不允许值}{满意值 - 不允许值} \times 40 + 60 & （实际值 > 满意值） \\ 100 & （实际值 \leq 满意值） \end{cases}$$

上述指标体系中多为正向指标，逆向指标仅有以下 10 项：城乡收入水平比、城乡消费水平比、政府消费支出占比、单位 GDP 耗电量、单位 GDP 废水排放、单位 GDP 废气排放、单位 GDP 固体废物排放、单位耕地农药使用量、居民食品消费支出占比、城镇登记失业率。对于公式中满意值和不允许值的确定，借鉴张海鹏等（2012）的研究方法，正向指标取样本值中的最大值为满意值、最小值为不允许值；逆向指标取样本值中的最小值为满意值、最大值为不允许值。

（二）综合功效系数的计算

经济高质量发展指数综合指数即综合功效系数 Z，计算公式如下：

$$Z = \sum_{j=1}^{n} W_j \times Y_{ij}$$

其中，Z 为经济高质量发展综合指数（综合功效系数），Y_{ij} 是影响因素 i 第 j 项指标的单项功效系数分值，W_j 是第 j 项指标的权重。经济高质量发展综合指数的取值范围在 60～100，指数越大，表明经济发展的质量越高。经济高质量发展综合指数包括五项分指数，计算方法类似。

四、新发展理念下我国经济高质量发展水平的实证测度

（一）样本选取与数据整理

样本选取全国 31 个省份（港澳台地区除外）为研究对象。数据来源方面，创新产品销售收入、技术市场成交额、R&D 人员数量、R&D 经费支出等数据，来源于 2018 年《中国科技统计年鉴》；高技术产业销售收入、高新技术产业进出口贸易总额、高科技产业投资额等数据，来源于 2018 年《中国高技术产业统计年鉴》；废水排放总量、废气（二氧化硫）排放总量、一般固体废物生产量、用电量、森林覆盖率、空气质量二级以上天数、农药使用量、生活垃圾无害化处理率、环境污染治理投资额等数据，来源于 2018 年《中国环境统计年鉴》；对外承包工程营业额、国际旅游收入等数据，来源于 2018 年《中国贸易外经统计年鉴》；其余测度指标计算时用到的数据均来源于 2018 年《中国统计年鉴》。

（二）经济高质量发展指数计算与分析

1. 综合测度的结果与分析

2017 年我国省际经济高质量发展"综合指数"如表 5 - 3 所示。从全国视角看，北京的经济高质量发展综合指数为 88.4 分，全国最高；青海和西藏同为 70 分，全国最低。综合指数高于 80 分的省份全部位于东部地区，主要集中在我国经济最发达的长三角、珠三角和环渤海湾地区。综合指数位列后 5 名的全部来自西部地区，主要集中在西北地区和西南地区。从新发展理念五大维度看，绿色发展水平均值得分最高（85.6），创新发展水平均值得分最低（70.9），协调、开放、共享水平也亟待提升。经济高质量发展水平在各省份、各维度之间均表现出了较大的不平衡性。

表 5 - 3   **2017 年我国省际经济高质量发展综合指数**

地区	创新指数	协调指数	绿色指数	开放指数	共享指数	综合指数	排名
北京	89	87	93	83	90	88.4	1
上海	82	87	88	92	83	86.4	2
广东	85	79	85	92	80	84.2	3
江苏	80	85	88	84	82	83.8	4
浙江	81	84	88	80	83	83.2	5
天津	79	86	88	84	79	83.2	5
福建	71	81	90	79	76	79.4	7
山东	71	80	86	77	81	79.0	8
湖北	73	78	88	76	79	78.8	9
重庆	75	77	87	79	76	78.8	9
安徽	76	78	87	73	76	78.0	11
四川	70	79	86	77	76	77.6	12
江西	69	82	87	72	78	77.6	12
辽宁	70	77	84	73	81	77.0	14
陕西	71	73	87	77	76	76.8	15
河南	68	75	85	76	78	76.4	16
广西	70	73	88	71	80	76.4	16
湖南	71	76	87	70	77	76.2	18
海南	65	75	87	72	77	75.2	19
吉林	67	77	84	69	77	74.8	20
黑龙江	67	77	85	68	76	74.6	21
河北	66	76	84	70	76	74.4	22
内蒙古	64	75	85	66	80	74.0	23
贵州	67	71	85	70	75	73.6	24
山西	65	75	80	71	77	73.6	24
宁夏	67	74	78	67	77	72.6	26
云南	64	70	85	68	74	72.2	27

续表

地区	创新指数	协调指数	绿色指数	开放指数	共享指数	综合指数	排名
新疆	65	69	81	66	77	71.6	28
甘肃	65	69	81	65	76	71.2	29
青海	64	73	75	64	74	70.0	30
西藏	62	63	93	64	68	70.0	30
均值	70.9	76.8	85.6	74.0	77.9	77.06	—

　　为了更好地揭示我国经济高质量发展的空间差异和分布格局，将全部省份分为先进、一般和落后三种类型。得分比"平均值加上0.5倍标准差"高的为先进型省份（即得分高于79.42），得分比"平均值减去0.5倍标准差"低的为滞后型省份（即得分低于74.70），得分介于两者之间的为一般型省份。先进型省份包括北京、上海、广东、江苏、浙江和天津6个省份；一般型省份包括福建、山东、湖北、重庆、安徽、四川、江西、辽宁、陕西、河南、广西、湖南、海南和吉林14个省份；滞后型省份包括黑龙江、河北、内蒙古、贵州、山西、宁夏、云南、新疆、甘肃、青海和西藏11个省份，具体如图5-1所示。

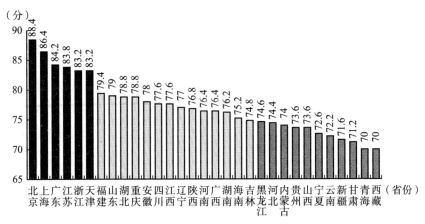

图5-1　2017年我国31个省份经济高质量发展综合指数得分

从西南民族地区的视角看,重庆、四川经济高质量发展水平分列全国第 9 名和第 12 名,在西部地区处于"龙头"位置,云南、广西、贵州三省区则相对落后。广西、贵州、云南经济高质量发展综合指数得分依次为 76.4 分、73.6 分、72.2 分,分别排全国第 16 名、第 24 名和第 27 名,依据上述分类,广西属于一般型省份,贵州和云南则属于滞后型省份。整体来看,云南、广西、贵州等西南民族地区经济高质量发展水平偏低,其中,云南和贵州更为落后。云南、广西、贵州三省区在创新、协调、绿色、开放、共享的新发展理念维度上得分的平均分依次为 67.0 分、71.3 分、86.0 分、69.7 分、76.3 分,其中,绿色发展水平最高,创新发展水平最低,开放、协调和共享水平也亟待提升。

2. 分项测度的结果与分析

(1)创新指数。从全国视角看,创新发展水平最高的是北京、广东和上海,创新发展水平最低的是西藏、内蒙古和青海。可见,创新发展水平与经济发展水平高度相关,受制于资本和人才的集聚度。

从西南民族地区的视角看,重庆作为直辖市,集聚了大量的人才和资本,创新发展水平较高,其他省区则相对滞后。广西、贵州、云南三省区创新指数得分依次为 70 分、67 分、64 分,分别排全国第 14 名、第 19 名和第 28 名,整体上在全国处于中游偏下的水平。值得一提的是,广西发明专利授权数占专利授权总数的比重全国最高,说明广西专利的结构质量比较突出。但每万名 R&D 人员专利授权数不高,说明广西专利的数量规模还比较有限。其他各项指标得分均低于 70 分,说明整体创新水平还比较低下。贵州、云南的情况比广西还要略差,全部创新指标中,贵州有 3 项指标得分高于 70 分,云南则全部指标得分均低于 70 分。由此可见,云南、广西、贵州三个西南民族地区省份,无论创新环境、创新投入,还是创新产出、创新成效,都处于比较落后的位置,亟待通过教育加强人力资本开发、增强创新意识、加大人才引进力度和创新投入,从而提升创新水平。

(2)协调指数。从全国视角看,协调发展水平最高的是北京、上海和天津,协调发展水平最低的是西藏、新疆和甘肃。区域协调方面北京和上海优势明显，城乡协调方面浙江和天津处于领先。经济结构协调方面，江西注重高新技术产业，投资结构有亮点；山东积极压缩政府支出，消费结构更合理；北京现代服务业发达，产业结构更高级。

从西南民族地区的视角看，重庆和四川协调发展指数得分较高，在全国居中上游水平，云南、广西、贵州三省区则非常落后。广西、贵州、云南的协调指数得分依次为73分、71分、70分，分别排全国第24名、第27名和第28名，整体上在全国处于非常落后的位置。从各项指标得分来看，云南、广西、贵州三个西南民族地区省份，经济发展的协调水平具有较高的一致性，政府消费支出占比均比较低，城乡消费水平之比相对不高，其他指标乏善可陈。由此可见，云南、广西、贵州三省区经济发展水平不高、经济总量偏小，区域经济发展不充分，各项指标基本处于全国末流水平。经济结构欠优，城乡差距也不容忽视。但也有积极的迹象，如削减政府支出、加大高新技术产业投资等。

（3）绿色指数。从全国视角看，绿色发展水平最高的是北京、西藏和福建，绿色发展水平最低的是青海、宁夏和山西。北京虽然人口密度大、空气质量不佳，但环境治理力度很大，节能减排各项指标均处于全国领先水平。党的十八大以来，各地绿色发展水平持续提升，北京、天津、上海等经济发达地区更加注重环境治理，贵州、广西、云南和西藏等地区保持了良好的生态环境。当然，前者的生态环境、后者的治理力度，都还有很大的提升空间。

从西南民族地区的视角看，西南五省（自治区、直辖市）的生态环境都比较良好，共同的问题是环境治理的力度还有待加强，节能减排的效果还不够良好。其中，广西、贵州、云南三省区绿色指数得分依次为88分、85分、85分，分别排全国第4名和第18名（并列）。整体来看，广西绿色发展水平居全国前列，贵州、云南也处于中游水平。从"生态环保"维度看，贵州、广西、云南三个西南民族地区省份正好位列全国前三名。这是非常难得的，也是西南民族地区高质量发展的优势所在。但是，也必须看到，在"节能减排"维度西南民族地区还有很大的提升空间，尤其是云南和广西的单位GDP废水排放居高、贵州的单位 GDP 废气排放居高，可能成为生态环境恶化的隐患。由此可见，云南、广西、贵州西南民族地区在未来的发展中，一定要坚持生态优先、绿色发展的理念，为国家守住生态环境底线的同时也自己守住经济高质量发展的优势，打造生态环境的高地，努力开发更多优质的生态产品，积极探索绿水青山转化为金山银山的机制和模式。

（4）开放指数。从全国视角看，开放发展水平最高的是上海和广东，开放发展水平最低的是西藏和青海。其中，上海的开放环境最好、开放力度最大，广东在开放范围、开放成效方面优势明显，践行"一带一路"倡议、深度开展国际合作的成效已经初步显现。

从西南民族地区的视角看，重庆和四川开放指数分列全国第 7 名和第 9 名，是我国西部地区全面开放的战略引擎，但云南、广西、贵州三省区则相对落后。广西、贵州、云南的开放指数得分依次为 71 分、70 分、68 分，分别排全国第 18 名、第 20 名和第 24 名，云南、广西、贵州之间整体差距不大，在全国处中游偏下的水平。从各项指标得分来看，广西的市场化指数尚可、贵州的高新技术产业进出口贸易总额占比较高，这两项指标得分高于 80 分，其他各项指标则表现一般。由此可见，云南、广西、贵州三省区开放发展的水平均不高。云南和贵州作为内陆省份，市场化指数偏低、进出口贸易总量占 GDP 的比重不高，对外开放的成效甚微。贵州应该继续发展大数据产业，以高新技术产业拉动进出口贸易；云南则应以自贸区建设为抓手，推动自贸、边贸取得新突破。广西近年来借助中国东盟博览会永久落户南宁和北部湾经济区开放开发上升为国家战略的契机，在市场化程度、吸引外商投资等方面略有起色，但整体开放水平仍然偏低、开放力度仍然不够、开放层次仍然不高，应以广西自贸区为支点，打造西南民族地区开放发展的新高地，并不断发挥辐射和引领作用。

（5）共享指数。从全国视角看，共享发展水平最高的是北京、上海和浙江，共享发展水平最低的是西藏、云南和青海。东西部经济发展水平的差距，是各地共享发展水平不平衡的根源。从人民生活状况和公共服务供给水平看，北京、上海和浙江优势明显，但房价高企，住房压力巨大。中西部地区受制于自身经济发展水平，公共服务供给不足、质量不优的短板明显。

　　从西南民族地区的视角看，广西在经济发展整体水平不高的情况下，共享发展水平取得了不错的成绩，高居全国第7位，其他省份则相对滞后。其中，贵州和云南的共享指数分别为75分和74分，分列全国第28名和第29名，处于全国最为落后的区域。从各项指标得分来看，云南、广西、贵州三省区民生支出占地方一般公共预算支出的比重均比较高，这一方面说明地方政府对民生支出的重视，另一方面也可能是因为地方财力有限、民生支出又不得不保障。这一点可以从教育、医疗等公共服务供给指标得分偏低中得到一定程度的印证。广西表现较好的原因是农村卫生厕所普及率较高、城镇登记失业率较低、平均预期寿命较高、生活压力和住房压力适中。可见，广西作为长寿之乡，还是比较宜居的。而这些方面，也是云南和贵州两省份需要加强的。

　　3. 基于区域平衡视角的进一步分析

　　我国地域辽阔，区域发展差距较大，为了更好地揭示新时代经济高质量发展的空间分布格局，将先进、一般和落后三种类型的省份，按照东部沿海地区、北部沿海地区、南部沿海地区、长江中游地区、大西南地区、黄河中游地区、东北地区、大西北地区八大综合经济区进行划分，结果如表5-4所示。

表5-4　　经济高质量发展三种类型省份的八大综合经济区域分布

类型	东部沿海地区	北部沿海地区	南部沿海地区	长江中游地区	大西南地区	黄河中游地区	东北地区	大西北地区
先进型	上海、江苏、浙江	北京、天津	广东					
一般型		山东	福建、海南	湖北、安徽、江西、湖南	重庆、四川、广西	陕西、河南	辽宁、吉林	
落后型		河北			贵州、云南	内蒙古、山西	黑龙江	宁夏、新疆、甘肃、青海、西藏

八大综合经济区经济高质量发展综合指数的均值得分从高到低顺序依次为：东部沿海地区、北部沿海地区、南部沿海地区、长江中游地区、大西南地区、东北地区、黄河中游地区、大西北地区，得分均值依次为84.5分、81.3分、79.6分、77.7分、75.7分、75.5分、75.2分、71.1分（见图5-2）。其中，东部沿海3个省份全部属于先进型省份；北部沿海地区4个省份中，有2个先进型省份、1个一般型省份、1个滞后型省份；南部沿海地区3个省份中，有1个先进型省份、2个一般型省份；长江中游地区4个省份全部属于一般型省份；大西南地区5个省份中，有3个一般型省份、2个滞后型省份；黄河中游地区4个省份中，有2个一般型省份、2个滞后型省份；东北地区3个省份中，有2个一般型省份、1个滞后型省份；大西北地区5个省份全部属于滞后型省份。具体如图5-2所示。"东强西弱，南高北低，东部沿海为龙头，北部沿海、南部沿海为两翼，长江中游为体，大西南地区、东北地区、黄河中游居中下，大西北地区垫底"的空间格局非常明显，尤其是在创新水平、开放水平和协调水平方面，前四大区域与后四大区域的差距非常大，这也是今后高质量发展需要着力解决的问题。

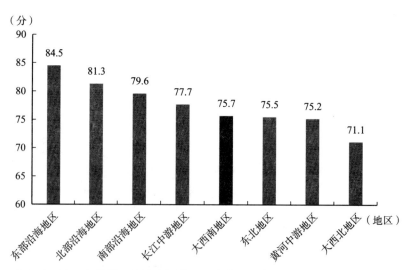

图5-2　2018年我国八大综合经济区经济高质量发展综合指数得分均值比较

大西南地区中，重庆、四川和广西属于一般型省份，贵州和云南隶属滞后型省份，总体发展质量不高，但相对于东北地区、黄河中游和西北地区略有优势，且上升势头明显。如果将重庆、四川剔除，云南、广西、贵州三省区的综合指数平均分为 74.1 分，在全国八大经济区中仅高于大西北地区。从广西视角分析，广西经济高质量发展综合指数得分为 76.4 分，居全国第 16 位，属于平庸型省份。其中，绿色指数最高，居全国第 4 位；共享水平表现不俗，居全国第 7 位；创新指数进步明显，居全国第 14 位；开放指数一般，居全国第 18 位；协调指数最差，居全国第 24 位，主要原因是城乡差距较大、经济结构不合理、各项人均经济指标居全国后几位。因此，广西需要在开放、创新、共享的基础上，将重点放在保绿色、促协调，在快速发展中缩小差距，让发展的红利解决发展的问题。

第二节　差异化视域下西南民族地区特色产业高质量发展的具体评价与测度分析
——以广西旅游业为例

本节从特殊性出发，在差异化视域下对西南民族地区特色产业的发展质量进行具体评价，目的是分析西南民族地区旅游业、先进制造业、现代农业等特色产业高质量发展的现状、问题和今后优化的策略。鉴于时间精力和篇幅所限，本节仅以广西旅游业为例。选择旅游业做重点分析的理由如下：第一，旅游业的高质量发展对广西国民经济的高质量发展具有重要的推动作用。广西是旅游大省，旅游业作为现代服务业涉及餐饮、住宿、交通、购物、娱乐等多个行业，产业关联和带动作用明显。在广西，旅游业对乡村振兴和精准扶贫具有举足轻重的作用，对数字经济、信息产业和基础设施建设也有一定的促进作用。而且，随着人民生活水平的提高，旅游业作为绿色、低碳产业，发展前景将越来越广阔。因此，研究旅游业高质量发展对广西整体经济高质量发展具有重要的现实意义。第二，旅游业是广西、云南、贵州等西南民族地区的特色优势产业。广西、云南、贵州的旅游业在全国具有较强的竞争力和存在感。广西除了有秀甲天下的"桂林山水"，还有几百家4A级及以上旅游景区，这个数量在全国排名第二位。这是广西的相对优势，正如习近平总书记指出的那样，"绿水青山就是金山银山"。而旅游业正是将"绿水青山"向"金山银山"转换的有效机制。第三，经济高质量发展不能仅靠旅游业，工业特别是先进制造业、农业特别是现代农业也是本书研究的重要内容，在后面章节中均有论述，由于时间精力和篇幅所限，本节未能展开，但将作为以后的研究方向。

突如其来的新冠疫情给社会、经济和人民生活带来了严重的冲击，旅游行业无疑成为重灾区。作为旅游大省，广西的旅游业高质量发展面临着严峻的挑战。因此，全面分析新冠疫情对广西旅游业的冲击强度和恢复程度，系统梳理广西应对新冠疫情的主要措施，指出广西旅游业发展面临的主要问题，构建旅游业高质量发展评价体系并进行实证测度，进而找出发展瓶颈和薄弱环节，对促进广西旅游业高质量发展具有重要的现实意义。

一、新冠疫情冲击下广西旅游业的发展现状

在新冠疫情的冲击下，广西旅游业以及与之相关的住宿业、餐饮业、交通运输业遭受重创。从2020年1月23日10时武汉封城，到4月8日0时武汉市正式解除离汉离鄂通道管控措施，这76天是中国抗击新冠疫情最艰难的时期，也是中国抗击新冠疫情取得决定性胜利的关键时期，为全世界抗击新冠疫情赢得了宝贵的时间和经验。但与此同时，这一时期旅游等相关行业走入寒冬，为春节策划的很多文化旅游项目被迫搁浅，前期投资颗粒无收，客源断崖式下降，旅游行业很多中小企业资金链出现问题，旅游从业者面临窘境。

(一) 新冠疫情冲击下广西旅游业遭受重创

2020 年 1～3 月，广西接待国内外游客 0.52 亿人次，同比下降 73%；旅游总消费 633.9 亿元，同比下降 72.6%。其中，国内旅游消费 626.54 亿元，同比下降 72.5%；国际旅游消费 1.07 亿美元，同比下降 82.3%（如表 5－5 所示）。疫情初期，部分国家对我国采取旅行禁令，国际旅游消费较国内旅游消费下降幅度更大。2020 年 4 月，中国率先控制住了新冠疫情，并在常态化防控的基础上，开始着手复工复产，社会经济开始企稳、复苏，但旅游业涉及人口流动和疫情防控，复苏步伐相对缓慢。2020 年 1～6 月，广西接待国内外游客 1.79 亿人次，同比下降 58.3%；旅游总消费 1971.45 亿元，同比下降 61.2%。其中，国内旅游消费 1963.95 亿元，同比下降 60.5%；国际旅游消费 1.09 亿美元，同比下降 93.2%。2020 年 1～9 月，广西接待的国内外游客 4.13 亿人次，同比下降 39.1%；旅游总消费 4601.90 亿元，同比下降 43.2%。其中，国内旅游消费 4593.82 亿元，同比下降 42%；国际旅游消费 1.17 亿美元，同比下降 95.7%。由图 5－3 可见，国内旅游指标降幅有所收窄，但国际旅游指标降幅进一步加大，这和国内疫情防控较好而国际疫情防控形势严峻的基本态势是一致的，疫情防控的事实充分说明了社会主义制度的优越性。

表 5－5　　　2020 年前三季度新冠疫情冲击下广西旅游业的主要指标

指标	1～3 月	同比下降	1～6 月	同比下降	1～9 月	同比下降
国内外游客（亿人次）	0.52	73.0%	1.79	58.3%	4.13	39.1%
旅游总消费（亿元）	633.90	72.6%	1971.45	61.2%	4601.90	43.2%
国内游客（亿人次）	0.52	72.9%	1.79	58.1%	4.13	38.7%
国内旅游消费（亿元）	626.54	72.5%	1963.95	60.5%	4593.82	42.0%
入境过夜游客（万人次）	20.62	81.9%	20.99	92.9%	22.64	95.3%
国际旅游消费（亿美元）	1.07	82.3%	1.09	93.2%	1.17	95.7%

资料来源：广西壮族自治区文化与旅游厅官网，http://wlt.gxzf.gov.cn/。

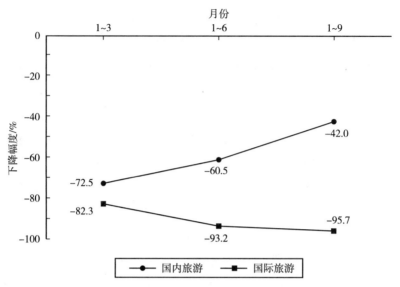

图 5 - 3　2020 年前三季度广西国内旅游消费与国际旅游消费降幅变动趋势比较

资料来源：广西壮族自治区文化与旅游厅官网，http：//wlt. gxzf. gov. cn/。

（二）新冠疫情冲击下广西旅游相关行业下滑严重

在新冠疫情冲击下，2020 年 1 ~ 3 月，广西住宿和餐饮业增加值同比下降 41.1%，交通运输、仓储和邮政业增加值同比下降 14.9%，批发和零售业增加值同比下降 13.3%，与旅游业关系最紧密的住宿和餐饮业下滑最为严重①。2020 年 1 ~ 6 月，广西住宿和餐饮业增加值同比下降 28.9%，交通运输、仓储和邮政业增加值同比下降 7.5%，批发和零售业增加值同比下降 2.1%②，各项指标下滑幅度明显收窄，显示了广西旅游相关行业的韧劲和活力，表现出了复苏回暖的良好迹象。以桂林市为例，2020 年 1 ~ 3 月，住宿业营业额同比下降 67.7%，餐饮业营业额同比下降 53%，降幅非常剧烈，随着疫情防控形势的好转，截至 2020 年 8 月底，餐饮业降幅已经收窄至 30.8%，住宿业降幅收窄至 59%（如图 5 - 4 所示）。可见，虽有复苏的迹象，但疫情的影响仍在持

---

①② 广西壮族自治区文化与旅游厅官网，http：//wlt. gxzf. gov. cn/。

续，依托跨区域旅游的住宿业较餐饮业受到的冲击更为严重。

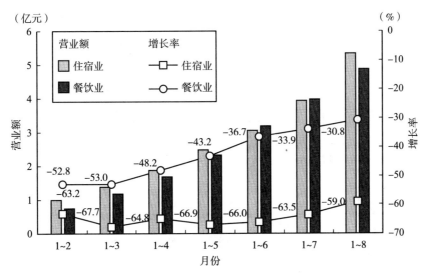

图5-4　2020年1~8月桂林市住宿业与餐饮业营业额及其降幅变动趋势比较

资料来源：广西壮族自治区文化与旅游厅官网，http://wlt.gxzf.gov.cn/。

　　从交通客运量的视角分析，如表5-6所示，以漓江游船为主的水路交通客运量降幅最大，3月同比下降90.6%，随着疫情防控形势的好转，降幅逐月收窄，但恢复速度仍较为缓慢，8月份水路运输客运量同比降幅仍然高达51.4%，可见，后疫情时代人民群众对较为封闭的水上旅游出行仍然比较谨慎。民航客运量在疫情初期受到的冲击较大，3、4月同比降幅均超过了70%，但进入5月后复苏步伐加快，到8月同比降幅已经缩小至22.9%。铁路客运量受到的冲击仅次于水路和民航，复苏的节奏与民航复苏的节奏及疫情防控的形势基本一致。公路运输相对民航与铁路距离较短、运量较大、出行需求的刚性较强，因此受到的冲击相对较小，客运量相对稳定，但是恢复迹象不明显，甚至8月同比降幅较之前几个月更大，达到20.3%。这可能与铁路、民航快速复苏挤占了一定市场份额有关系。各种交通方式的下降幅度及其变动趋势如图5-5所示。

表5-6 2020年3~8月广西交通客运量同比下降幅度及其变动趋势

指标	3月	同比下降	4月	同比下降	5月	同比下降	6月	同比下降	7月	同比下降	8月	同比下降
客运量（亿人次）	0.22	35.9%	0.28	33.3%	0.30	27.1%	0.31	25.8%	0.33	25.1%	0.37	22.5%
其中：铁路	0.03	65.7%	0.04	60.0%	0.06	38.8%	0.06	36.3%	0.08	33.7%	0.09	25.1%
公路	0.18	19.4%	0.23	19.0%	0.23	19.9%	0.23	20.0%	0.24	19.9%	0.25	20.3%
水路	0.00	90.6%	0.00	87.0%	0.00	69.7%	0.00	66.9%	0.00	57.8%	0.01	51.4%
民航	0.01	76.2%	0.01	72.6%	0.01	55.0%	0.01	46.9%	0.02	38.3%	0.02	22.9%

资料来源：广西壮族自治区文化与旅游厅官网，http：//wlt. gxzf. gov. cn/。

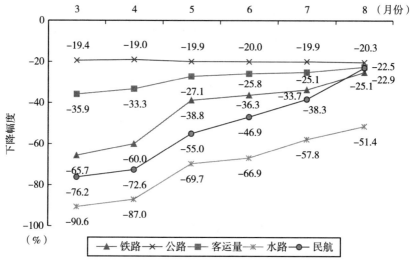

图5-5 2020年3~8月广西交通客运量同比下降幅度及其变动趋势

资料来源：广西壮族自治区文化与旅游厅官网，http：//wlt. gxzf. gov. cn/。

（三）新冠疫情冲击压力下广西旅游业复苏的步伐正在加快

2020年五一假期，疫情防控形势刚刚好转，防控措施还很严厉，部分景区限量开放或尚未开放，人民群众旅游出行的意愿也不高，国内外游客人次和旅行消费与上年同期比较，恢复程度均不足40%。到6月下旬端午假期，国内疫情防控良好，复工复产复学的节奏正在加快，人民群众自觉防控的意识也在加强，加之端午小长假仅有三天，旅游出行的人次和消费额虽有上涨，但并不明显，广西接待国内外游客人次恢复程度达到上年同期的 45.7%，但是旅行消费与上年同期比较，仍不足 40%。到 10 月中秋、国庆假期，国内常态化疫情防控措施日臻完善，人民生活基本恢复正常，旅游出行风险较小，长期被压抑的旅游出行意愿高涨。如表 5－7 所示，2020 年中秋、国庆假日期间，广西全区共接待游客 3255.84 万人次，按可比口径同比恢复 85.6%，高出全国 6.6 个百分点；实现旅游消费 224.90 亿元，按可比口径同比恢复 85.9%，高出全国 16 个百分点，较云南、贵州等周边省份也处于领先。广西旅游业强势复苏的迹象非常明显（如图 5－6、图 5－7 所示），仅 10 月 3 日一天，桂林漓江景区就接待了游客 4.3 万人次。阳朔印象·刘三姐、桂林漓江千古情等旅游演艺呈现爆发性增长，演出场次最高每天分别增至 3 场、8 场，达到单日场次历史之最。北海银滩、百色通灵大峡谷等景区接待游客人数接近 75% 的景区承载量。桂林、柳州星级饭店及民宿预订情况接近上年同期水平，部分高端民宿甚至出现"一房难求"的景象。与此同时，自驾游、家庭游、周边游、乡村游、康养休闲和度假旅游，成为旅游新趋势。

表 5－7　　　　　2020 年广西假日旅游主要指标及其变动趋势

指标	五一假期 (5.1~5.5)	端午假期 (6.25~6.27)	中秋国庆假期 (10.1~10.8)	
			广西数据	全国数据
国内外游客（万人次）	737.56	430.30	3255.84	63700
同比恢复（%）	39.10	45.70	85.60	79
旅游总消费（亿元）	49.59	25.76	224.90	4665.60
同比恢复（%）	35.00	39.60	85.90	69.9

资料来源：广西壮族自治区文化与旅游厅官网，http：//wlt.gxzf.gov.cn/。

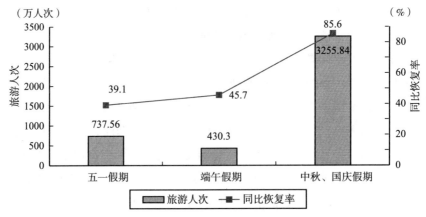

图 5 - 6　2020 年广西假日旅游人次及其恢复程度

资料来源：广西壮族自治区文化与旅游厅官网，http：//wlt. gxzf. gov. cn/。

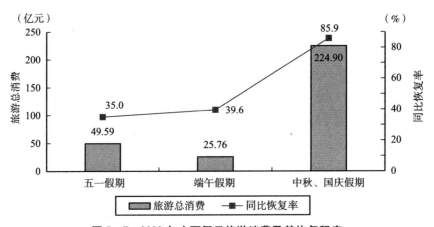

图 5 - 7　2020 年广西假日旅游消费及其恢复程度

资料来源：广西壮族自治区文化与旅游厅官网，http：//wlt. gxzf. gov. cn/。

二、广西旅游业高质量发展面临的主要问题

（一）旅游产业的规模和效益欠佳、总体发展质量不高

截至 2020 年 1 月，广西国家级 5A 景区 7 家、4A 景区 247 家，共

254 家；贵州国家级 5A 景区 7 家、4A 景区 120 家，共 127 家；云南国家级 5A 景区 8 家、4A 景区 74 家，共 82 家。广西优质旅游资源丰富，4A 及以上国家级景区数量是贵州的 2 倍、云南的 3 倍，但是旅游产业的规模和效益并不尽如人意。2019 年，贵州全省旅游总人数突破 11 亿人次，旅游总收入突破 12000 亿元；云南全省旅游总人数达到 8.1 亿人次，旅游总收入突破 11000 亿元；广西旅游总人数比云南略高，为 8.76 亿人次，但旅游总收入为三省区最低，刚刚突破 10000 亿元[①]。最优的旅游资源、最低的旅游收入，揭示了广西旅游产业发展质量不高的现实。

（二）旅游要素供给不足、企业盈利能力偏弱

如表 5-8 所示，广西 A 级旅游景区数量最多，但与之配套的文化和旅游机构数量相对不足，在各项指标中仅艺术表演场馆一项名列第一，旅游要素供给水平有待进一步加强。

表 5-8　2018 年广西、贵州、云南主要文化和旅游机构数量比较　单位：个

地区	公共图书馆	群众艺术馆	文化馆	文化站	博物馆	艺术表演团体	艺术表演场馆	旅行社	星级饭店	A 级景区
广西	116	15	124	1173	131	112	57	819	386	507
贵州	98	10	99	1589	91	153	15	532	221	359
云南	151	17	149	1445	137	268	27	1185	458	233

资料来源：中国文化和旅游统计年鉴（2019）。

根据 2019 年《中国文化和旅游统计年鉴》，2018 年全年，广西 507 个 A 级景区共接待游客 2.19 亿人次、实现旅游总收入 80.72 亿元。广西 A 级景区数量居全国第 7 名，但当年实现旅游收入仅位列全国第 19 名。与之相比，贵州 359 个 A 级景区共接待游客 2.55 亿人次、实现旅

[①]　根据《中国文化和旅游统计年鉴》相关数据整理。

游总收入 301.78 亿元。贵州以全国第 17 多的 A 级景区创造了全国第三多的旅游收入。仔细分析发现，广西 A 级景区人均门票收入为 13.61 元，贵州为 13.78 元，两者相差不多。但是，游客在广西 A 级景区人均消费 36.86 元，在贵州 A 级景区人均消费 118.35 元，贵州约为广西的 3.2 倍。广西 A 级景区门票收入占旅游总收入的比重为 36.92%，而贵州该指标仅为 11.64%[①]。由此可见，广西旅游消费结构不合理，门票收入占比偏高；贵州以较少的旅游资源取得了丰厚的旅游收入，门票之外的旅游创新收入占了很大的比例，这一点非常值得广西深入调研、学习和借鉴。

从住宿业的视角分析，2018 年广西星级饭店共 386 家，实现营业收入 445045 万元，但营业利润仅为 4070 万元；贵州星级饭店共 221 家，实现营业收入 244112 万元，但营业利润高达 6272 万元。广西星级饭店营业收入利润率仅为 0.91%，与贵州的 2.57% 相比还有较大的差距，而同年云南该指标更是高达 8.97%[②]。究其原因，有两种可能：一是广西旅游业发展较早，酒店业竞争激烈，星级饭店、非星级饭店、民宿等鱼龙混杂、竞相杀价。二是广西星级饭店自身经营管理水平有待提高，各项成本控制不力，导致盈利水平偏低。

（三）旅游服务质量和旅游管理水平有待进一步提升

广西经济整体水平不高、经济总量规模偏小、核心城市带动能力较差、第三产业占 GDP 的比重偏低、旅游产业创新不足，这些问题导致广西旅游相关的衍生产业发展水平不高、旅游服务总体质量欠佳、"好山好水好风景"没能带来好的体验和满意度，吸引游客的能力尚可，但是留住游客、满足游客多层次需求的能力不足。丰富的旅游资源未能充分发挥、未能将资源优势转化为经济优势。低水平恶性竞争则进一步恶化了旅游产业生态，旅游业管理水平也有待进一步提升。净化广西旅游

---

①② 根据《中国文化和旅游统计年鉴》相关数据整理。

环境，优化广西旅游服务质量，提高广西旅游管理水平，是促进广西旅游业高质量发展的重要抓手。

三、旅游业高质量发展评价方法与测度体系

当前，我国已经进入了全民旅游、全域旅游、休闲健康旅游蓬勃发展的新时代，旅游休闲作为人民美好生活需求的重要组成部分，和人民群众的幸福感、获得感息息相关。旅游产业高质量发展，既是产业内部结构优化、效率提升的客观要求，也是满足人民美好生活需要的现实关切。

（一）旅游业高质量发展的评价指标体系

影响旅游业发展质量的因素很多，在相关研究（刘英基和韩元军，2020；马红梅和郝美竹，2020；王新越等，2020）的基础上，大体可以概括为以下几点：一是旅游资源是否具有高质量，二是旅游服务是否具有高质量，三是旅游发展的支撑环境是否具有高质量，四是旅游产业是否具有高质量，五是旅游产生的经济和社会效益是否具有高质量。

1. 旅游资源高质量

旅游资源主要包括景区资源和文化资源，衡量景区资源质量高低的指标主要有 A 级景区的数量，为了突出高质量，选取 5A 级旅游景区数量和 4A 级旅游景区数量作为衡量指标。文化资源主要包括图书馆、博物馆、纪念馆、世界遗产等文化旅游资源，考虑数据可得性，选取公共图书馆数量作为衡量指标。

2. 旅游服务高质量

旅游服务质量主要考察旅游服务接待能力和旅游服务配套设施。旅游服务接待能力可以用旅行社数量和星级饭店数量来表征；旅游服务配套设施主要考察交通设施和卫生基础设施，可以用单位面积公路里程数

和城市公共厕所数来表征。

3. 旅游环境高质量

旅游环境质量主要考察旅游目的地生态环境、经济环境和社会环境。良好的生态环境可以增加旅游目的地的吸引力，良好的经济环境可以促进旅游创新和产业升级，良好的社会环境可以提高游客满意度、增强旅游品牌形象的美誉度。旅游目的地生态环境可以用森林覆盖率、每平方千米园林绿地面积、单位面积二氧化硫排放量、单位面积工业烟尘排放量、单位面积废水排放量等指标来表征；旅游目的地的经济环境可以用人均 GDP、第三产业增加值占 GDP 的比重等指标来表征；旅游目的地社会环境包括安定、文明、诚信、友善、热情、好客，以及独具特色的历史文化等，但上述方面难以量化，鉴于数据的可得性，选取人均教育经费和每万人高校在校生人数来表征旅游目的地的教育环境和居民综合素质。

4. 旅游产业高质量

旅游产业质量的高低主要表现在两个方面，一是旅游产业结构的国际化，可以用入境游客数量/游客总数量、入境旅游收入/旅游总收入等指标来表征；二是旅游产业效率的高级化，可以用国内游客人均消费、国际游客人均消费、A 级景区年均接待旅游人数、A 级景区年均旅游收入等指标来表征。

5. 旅游效益高质量

旅游效益可以从经济效益和社会效益两个方面来考察，旅游经济效益可以用旅游总收入/GDP、人均旅游收入等指标来表征；旅游社会效益可以用旅游从业人数/全社会从业人数、旅游城镇化响应强度、旅游相关专业学生数/高等院校学生总数等指标来表征。其中，旅游城镇化响应强度主要反映旅游对城镇化的推动作用，计算方式借鉴了王新越等的研究，公式为城镇化率除以旅游产业总收入占第三产业增加值的比重。指标值越大，表明旅游产业发展对城镇化的作用强度越大，反之，则表示作用强度减弱。

（二）旅游业高质量发展的评价模型构建

1. 基于熵值法进行指标赋权

熵值法是一种基于指标数值离散程度的客观赋值法，具有不受人为主观因素影响的优势，指标数值离散程度越大，说明其对评价对象的影响程度越高，故该指标权重越高；反之，则指标权重越低。熵值法的计算步骤如下：

（1）指标标准化：

$$Y_{ij} = \begin{cases} \dfrac{X_{ij} - \min(X_{ij})}{\max(X_{ij}) - \min(X_{ij})}, & X_{ij} \text{为正向指标} \\[3mm] \dfrac{\max(X_{ij}) - X_{ij}}{\max(X_{ij}) - \min(X_{ij})}, & X_{ij} \text{为负向指标} \end{cases}$$

其中，i 表示省份，j 表示测度指标；X_{ij} 表示原始的指标值，Y_{ij} 为标准化后的指标值，$\max(X_{ij})$ 和 $\min(X_{ij})$ 分别表示 X_{ij} 的最大值和最小值。

（2）计算第 i 个研究对象下第 j 项指标的比重 p_{ij}：

$$p_{ij} = \frac{Y_{ij}}{\sum\limits_{i=1}^{n} Y_{ij}}，\text{其中，} n \text{为研究对象的样本数。}$$

（3）计算第 j 项指标的熵值 e_j：

$$e_j = -k \times \sum_{i=1}^{n} \left[p_{ij} \times \log(p_{ij}) \right]，\text{其中，} k = \frac{1}{\ln n}。$$

（4）计算第 j 项指标的差异系数 g_j：

$$g_j = 1 - e_j$$

差异系数越大越好，表示该指标对于研究对象所起的作用越大。

（5）给指标赋权，定义权重 w_j：

$$w_j = \frac{g_j}{\sum\limits_{j=1}^{m} g_j}，j = 1, 2 \cdots m，\text{其中，} m \text{为指标数。}$$

依据上述公式，利用 SPSS 软件，根据广西 14 个城市 2009～2018 年各指标的原始数据，可以计算熵值法下各指标的权重（如表 5-9 所示）。

表 5 - 9 旅游业高质量发展评价指标体系及其权重

目标	子系统	准则层	测度指标	功效	权重（%）
旅游业高质量发展水平	旅游资源高质量	景区资源	4A 级及以上旅游景区数量	+	5.7
		文化资源	公共图书馆数量	+	4.1
	旅游服务高质量	接待能力	旅行社数量	+	7.8
			星级饭店数量	+	2.8
		配套设施	单位面积公路里程数	+	0.7
			城市公共厕所数量	+	7.8
	旅游环境高质量	生态环境	森林覆盖率	+	0.9
			每平方千米园林绿地面积	+	8.3
			单位面积二氧化硫排放量	−	0.4
			单位面积工业烟（粉）尘排放量	−	0.3
			单位面积工业废水排放量	−	0.2
		经济环境	人均 GDP	+	3.1
			第三产业增加值占 GDP 的比重	+	1.4
		社会环境	人均教育经费	+	1.4
			每万人高校在校生数	+	6.0
	旅游产业高质量	国际化	入境游客数量/游客总数量	+	6.0
			入境旅游收入/旅游总收入	+	5.5
		高级化	国内游客人均消费	+	0.8
			国际游客人均消费	+	0.4
			A 级景区年均接待旅游人数	+	2.4
			A 级景区年均旅游收入	+	2.7
	旅游效益高质量	经济效益	旅游总收入/GDP	+	3.2
			人均旅游收入	+	4.6
		社会效益	旅游城镇化响应强度	+	1.8

2. 基于 TOPSIS 法进行综合测度与评价

TOPSIS 法通过比较各测度对象与最优方案及最劣方案的相对距离进行量化排序，具有计算简单、结果合理的优势。具体步骤如下：

（1）构建加权矩阵 R：

$R = (r_{ij})_{n \times m}$，其中，$r_{ij} = W_j \times Y_{ij}$。

（2）根据加权矩阵 R 确定最优方案 Q_j^+ 与最劣方案 Q_j^-：

$$Q_j^+ = (\max r_{i1}, \ \max r_{i2}, \ \cdots, \ \max r_{im})$$

$$Q_j^- = (\min r_{i1}, \ \min r_{i2}, \ \cdots, \ \min r_{im})$$

（3）计算各测度方案与最优方案 Q_j^+ 及最劣方案 Q_j^- 的欧氏距离 d_j^+ 与 d_j^-：

$$d_i^+ = \sqrt{\sum_{j=1}^{m} (Q_j^+ - r_{ij})^2}$$

$$d_i^- = \sqrt{\sum_{j=1}^{m} (Q_j^- - r_{ij})^2}$$

（4）计算各测度方案与理想方案的相对接近度 C_i：

$$C_i = \frac{d_i^-}{d_i^+ + d_i^-}$$

其中，相对接近度 C_i 介于 $0 \sim 1$，C_i 值越大表明测度方案 i 与理想方案越接近，得分越高。

四、广西旅游业高质量发展的测度与分析

为了更加深入地分析广西旅游业高质量发展的演变进程和空间格局，以广西 14 个城市为样本，在熵值法确定的权重的基础上，利用中国经济社会大数据研究平台的决策支持系统，测度和计算了 2009 ~ 2018 年广西各市旅游业高质量发展水平 TOPSIS 法测度得分及排名，结果如表 5 - 10 所示。相关指标计算时用到的数据均来源于 2019 年《广西统计年鉴》《中国城市统计年鉴》及相关各市统计年鉴。

表 5 – 10 　　　 2009 ~ 2018 年广西各市旅游业高质量发展水平
TOPSIS 法测度得分及排名

城市	2009 年	2010 年	2011 年	2012 年	2013 年	2014 年	2015 年	2016 年	2017 年	2018 年
南宁	0.394 【2】	0.389 【2】	0.393 【2】	0.400 【2】	0.398 【2】	0.493 【2】	0.482 【3】	0.487 【2】	0.463 【2】	0.461 【2】
柳州	0.234 【3】	0.249 【3】	0.207 【4】	0.218 【4】	0.215 【4】	0.225 【4】	0.290 【3】	0.292 【3】	0.270 【3】	0.291 【3】
桂林	0.730 【1】	0.738 【1】	0.711 【1】	0.711 【1】	0.709 【1】	0.709 【1】	0.754 【1】	0.754 【1】	0.754 【1】	0.759 【1】
梧州	0.135 【9】	0.139 【9】	0.149 【8】	0.136 【10】	0.129 【10】	0.115 【11】	0.133 【11】	0.139 【11】	0.142 【11】	0.131 【11】
北海	0.227 【4】	0.231 【4】	0.223 【3】	0.225 【3】	0.220 【3】	0.207 【4】	0.228 【4】	0.230 【4】	0.244 【4】	0.251 【5】
防城港	0.147 【7】	0.157 【6】	0.165 【7】	0.171 【7】	0.168 【6】	0.165 【5】	0.161 【8】	0.166 【76】	0.178 【7】	0.192 【6】
钦州	0.081 【13】	0.081 【13】	0.085 【14】	0.087 【13】	0.080 【13】	0.085 【13】	0.162 【7】	0.167 【5】	0.178 【8】	0.170 【8】
贵港	0.119 【10】	0.130 【10】	0.111 【12】	0.116 【11】	0.122 【11】	0.131 【10】	0.112 【13】	0.127 【12】	0.098 【13】	0.130 【12】
玉林	0.108 【12】	0.108 【12】	0.114 【11】	0.111 【12】	0.102 【12】	0.090 【12】	0.115 【12】	0.111 【13】	0.129 【12】	0.126 【13】
百色	0.142 【8】	0.139 【8】	0.129 【9】	0.141 【9】	0.139 【9】	0.136 【9】	0.160 【9】	0.152 【10】	0.157 【10】	0.159 【10】
贺州	0.217 【5】	0.182 【5】	0.165 【6】	0.173 【6】	0.162 【7】	0.164 【7】	0.169 【5】	0.160 【9】	0.185 【6】	0.190 【7】
河池	0.113 【11】	0.120 【11】	0.123 【10】	0.147 【8】	0.143 【8】	0.140 【8】	0.146 【10】	0.164 【8】	0.167 【9】	0.160 【9】
来宾	0.077 【14】	0.080 【14】	0.090 【13】	0.080 【14】	0.079 【14】	0.070 【14】	0.075 【14】	0.093 【14】	0.083 【14】	0.073 【14】
崇左	0.162 【6】	0.154 【7】	0.173 【5】	0.178 【5】	0.177 【5】	0.165 【6】	0.162 【6】	0.166 【7】	0.191 【5】	0.273 【4】

注：【 】中的数字表示对应城市该年度旅游业高质量发展水平在广西的排名。

由表5-10可见，2009～2018年桂林市旅游业高质量发展水平得分一直稳居第一，可谓一枝独秀。南宁市紧随其后、位列次席，与桂林相比，2009～2014年呈追赶态势，总体差距不断缩小，2009年TOPSIS法测度得分落后桂林0.336，到2014年该差距迫近至0.216，个别指标已实现反超，如旅游文化资源、旅游服务配套设施、旅游发展的经济环境和社会环境、旅游景区经营效率以及旅游业对城镇化的推动作用等方面多项指标均优于桂林；但2015年之后，桂林的领先优势进一步扩大，主要原因是桂林在旅游景区资源、旅游服务接待能力、旅游生态环境、旅游产业国际化和旅游业整体经济效益等方面的优势日益凸显，而在前述南宁领先的诸多方面则缩小了相对劣势。10年间，荣登广西旅游业高质量发展水平第三名的有柳州和北海，其中，柳州7次、北海3次，柳州更具优势，但与桂林、南宁相比还有较大差距。总体来看，广西其他10个城市旅游业发展水平均相对滞后，历年TOPSIS法测度得分多不足0.2，特别是来宾市，10年中有9年在广西14个城市中居于末位，历年TOPSIS法测度得分均不足0.1。若以各市10年得分的平均值为标准，从第1名到第14名依次为：桂林市、南宁市、柳州市、北海市、崇左市、贺州市、防城港市、百色市、河池市、梧州市、贵港市、钦州市、玉林市和来宾市。

为了更加直观地分析广西各城市间旅游业高质量发展水平的差距，采用Arcgis软件将广西各市TOPSIS法测度得分分成四个等级（一等得分≥0.5，0.5＞二等得分≥0.3，0.3＞三等得分≥0.15；四等得分＜0.15），进而通过空间分析增强测度结果的可视性。第一等级城市仅有桂林，第二等级城市仅有南宁，十年来未有变化。第三等级，2009年仅有柳州、北海、贺州、崇左4市，2018年扩大到8市，新增了防城港、钦州、河池和百色。第四等级城市数量则由2009年的8个减少到2018年的4个。整体来看，广西各市旅游业高质量发展水平呈"金字塔"型分布，且有"塔尖愈尖、塔身愈宽"的趋势。2018年与2009年比较，桂林、南宁等"塔尖"城市TOPSIS得分均有上升，在全区的相对优势更加明显；与此同时，广西14个城市中有11个城市2018年

TOPSIS 得分比 2009 年更高，其中，崇左、钦州、南宁、柳州、河池和防城港 6 市与桂林的相对差距比 10 年前略有缩小。这说明广西城市间旅游业高质量发展水平的差距虽然很大、区域内旅游业发展不平衡的现象仍然较为严重，但是也出现了一些积极变化，突出表现为大多数城市旅游业发展水平不断提升，第三等级的"塔身"城市数量不断扩大，第四等级旅游业发展滞后的城市数量明显减少，整体结构趋于优化。从空间上看，桂林、南宁为"塔尖"，柳州、北海、崇左、贺州、防城港、百色、河池、钦州为"塔身"，梧州、贵港、玉林和来宾为"塔底"。

　　具体到各个城市，则应针对测度指标中的短板精准施策。如：桂林旅游城镇化响应强度较低，单位面积园林绿地较少，公路交通便捷度不高，人均 GDP、人均教育经费等旅游发展的经济社会环境欠佳。南宁5A 级优质旅游资源稀缺，旅游目的地对海外游客的吸引力偏低，旅游产业国际化的步伐迟缓，旅游产业在经济总量中的比重偏低。柳州作为广西重要的工业城市，单位面积工业烟（粉）尘排放量较大，旅游发展的生态环境有待优化。梧州的短板主要是优质旅游资源较少、旅游服务接待能力不高。北海工业废水和工业二氧化硫的排放总量并不高，但是由于北海面积较小，单位面积工业废水排放量和单位面积工业二氧化硫排放量均居全区首位，加之森林覆盖率全区最低，因此，旅游发展的生态环境有待优化。贺州旅游城镇化响应强度全区最低，旅行社、城市公共厕所等数量偏少。崇左 A 级景区年均接待旅游人数和旅游收入表现不佳。防城港 4A 级及以上景区数量全区最少。百色单位面积园林绿地较少、旅游接待能力和旅游带动作用均不强。河池人均 GDP 全区最低、公路交通便捷度也是全区最差。钦州 2015 年之后均旅游业发展水平明显提升，排名也由原来的第 13 位跃升并维持在前 8 名的水平，主要得益于园林绿地面积几何倍增长、公路交通便捷度有较大改善、单位面积工业废水排放量明显减少。钦州的短板和玉林有相似之处，两者均在旅游接待能力和入境旅游收入等方面处于全区相对落后的位置。贵港人均旅游收入、人均教育经费、每万人高校在校生数、星级饭店数均为全区最低。来宾旅行社数量、入境游客数量占比、入境旅游收入占比、国内游客人均消费等多项指标全区垫底。诚然，旅游资源的自然禀赋决定了各地旅游业的核心竞争力，但是新经济时代，旅游市场需求呈现出多元化、多样化的态势，旅游产业创新、旅游环境改善、旅游管理优化、旅游效益提升等方面仍有很大的空间，各地应扬长避短、因地制宜，借助数字化、智能化等科技手段，运用产业化、资本化等要素力量，助力旅游业高质量发展。

五、广西旅游业高质量发展水平的横向比较分析

（一）省际旅游业高质量发展的评价指标体系

1. 基于层次分析法进行指标赋权

参考上述指标体系，结合省际特点和数据的可得性，构建了新的三层次、六维度指标体系，并利用中国经济社会大数据研究平台的决策支持系统，基于前人研究成果及相关专家意见，采用 Satty 的九级标度法，求得各指标的权重，如表 5 - 11 所示。

表 5 - 11　　　　旅游业高质量发展评价指标体系及其权重

目标	子系统	准则层	测度指标	功效	权重（%）
旅游业高质量发展水平	旅游资源高质量	景区资源	5A 级旅游景区数量	+	11.78
			4A 级旅游景区数量	+	11.78
		文化资源	艺术馆和博物馆数量	+	3.93
			国家级文物保护单位数量	+	3.93
	旅游服务高质量	接待能力	旅行社数量	+	3.46
			星级饭店数量	+	3.46
		接待水平	旅游投诉数量	−	3.46

目标	子系统	准则层	测度指标	功效	权重（%）
旅游业高质量发展水平	旅游服务高质量	配套设施	民航吞吐量	+	1.73
			单位面积铁路营业里程数	+	1.73
			单位面积等级公路里程数	+	1.73
			每万人拥有公共厕所数	+	0.86
			每万人拥有医院床位数	+	0.87
	旅游环境高质量	生态环境	森林覆盖率	+	1.14
			空气质量二级以上天数	+	1.14
			单位面积二氧化硫排放量	−	1.14
			单位面积工业烟尘排放量	−	1.14
			单位面积废水排放量	−	1.14
		经济环境	第三产业增加值占 GDP 的比重	+	2.85
			人均文化事业经费	+	2.85
	旅游产业结构高质量	国际化	入境游客数量/游客总数量	+	2.27
			入境旅游收入/旅游总收入	+	2.28
		高级化	景区门票收入/景区营业收入	−	2.27
			景区营业收入/旅游总收入	−	2.28
	旅游企业绩效高质量	景区	A 级景区劳动生产率	+	3.08
			A 级景区人均消费	+	3.08
		旅行社	旅行接待人数/旅行社从业人数	+	3.08
		饭店	星级饭店客房出租率	+	1.54
			星级饭店营业收入利润率	+	3.08
			星级饭店人均营业收入	+	1.54
	旅游效益高质量	经济效益	旅游总收入/GDP	+	3.85
			旅游总收入/第三产业增加值	+	3.85
		社会效益	旅游从业人数/全社会从业人数	+	3.85
			旅游城镇化响应强度	+	1.93
			旅游相关专业学生数/高等院校学生总数	+	1.92

2. 对原始数据进行标准处理

$$Y_{ij} = \begin{cases} \dfrac{X_{ij}}{\max(X_{ij})}, & X_{ij} \text{为正向指标} \\[3mm] \dfrac{1/X_{ij}}{1/\min(X_{ij})}, & X_{ij} \text{为负向指标} \end{cases}$$

式中：i 表示省份，j 表示测度指标；X_{ij} 表示原始的指标值，Y_{ij} 为标准化后的指标值，$\max(X_{ij})$ 和 $\min(X_{ij})$ 分别表示 X_{ij} 的最大值和最小值。

3. 综合测算旅游业高质量发展指数

基于旅游业高质量发展评价指标体系及其权重，可以构建旅游业高质量发展指数 Z，计算公式如下：

$$Z_i = \sum_{j=1}^{n} w_j \times Y_{ij}$$

式中：Z_i 为 i 省区旅游业高质量发展指数，Y_{ij} 是 i 省区第 j 项指标标准化后的指标值，w_j 是第 j 项指标的权重。旅游业高质量发展指数的取值在 0 ~ 1，指数越大，表明旅游业发展的质量越高。

（二）广西、云南、贵州旅游业高质量发展的测度与分析

1. 样本选取与数据整理

研究重点是关注广西旅游业高质量发展水平的测度，为了横向比较，同时选取云南和贵州两省区作为研究对象。数据来源方面，铁路营业里程数、等级公路里程数、每万人拥有公共厕所数、二氧化硫排放量、烟尘排放量、废水排放量等数据来源于 2019 年《中国第三产业统计年鉴》；人均文化事业经费等数据来源于 2019 年《中国财政统计年鉴》；旅游投诉数量检索于各省份统计、文化和旅游方面公开发布的信息，其余测度指标计算时用到的数据均来源于 2019 年《中国统计年鉴》《中国文化和旅游统计年鉴》及各省区统计年鉴。

2. 旅游业高质量发展指数计算与分析

依据前面构建的旅游业高质量发展测度体系，可以得到 2018 年广西、

云南和贵州三省区旅游业高质量发展水平测度结果（如表 5 - 12 所示）。

表 5 - 12 　2018 年广西、云南和贵州旅游业高质量发展水平测度结果及排名

地区	旅游资源高质量	旅游服务高质量	旅游环境高质量	旅游产业结构高质量	旅游企业绩效高质量	旅游效益高质量	综合指数	排名
云南	0.2373	0.1515	0.1065	0.0752	0.1105	0.1252	0.8062	1
广西	0.2645	0.1204	0.0967	0.0603	0.0580	0.1093	0.7092	2
贵州	0.1960	0.1191	0.0920	0.0312	0.1218	0.1378	0.6979	3

由表 5 - 12 可见，2018 年，云南旅游业高质量发展综合指数为 0.8062，在西南三省区中居首位，广西得分为 0.7092，居第二位，比贵州略高，但和云南相比还有较大的差距。贵州得分为 0.6979，居末位，但与广西的差距并不明显。

在影响旅游业高质量发展的六大维度中，广西的旅游资源质量最高，云南的旅游服务、旅游环境和旅游产业结构质量最好，贵州在旅游企业绩效和旅游效益方面则处于相对领先的位置。各省份应该精准识别本省旅游产业存在的优势和劣势，采取有针对性的措施补齐短板，立足优势加快发展。

广西的优势在于高品质的旅游资源比较丰富、交通便捷度较好、森林覆盖率高、生态环境良好、旅游对城镇化的推动作用比较明显。劣势则主要表现在以下几个方面：一是旅游服务质量不高、旅游投诉数量较多；二是基础卫生和医疗保障等旅游服务配套设施发展滞后；三是经济发展水平不高，文化和旅游方面的经费投入相对较小，第三产业增加值占 GDP 的比重略低，这些因素在一定程度上抑制了广西旅游业的发展；四是旅游企业经营绩效较差，不管是景区、酒店还是旅行社，不管是利润率、生产率还是人均消费，各项指标均处于明显的劣势。五是旅游产业整体的经济效益不高，旅游对就业、服务业、经济发展全局的贡献相对较弱。

　　云南的优势在于艺术馆和博物馆等文化资源比较丰富，旅行社、星级饭店、民航等旅游接待和服务能力比较好，粉尘、废水等污染物排放较少，空气质量良好，对境外游客的吸引能力和获利能力较好，旅游国际化水平较高，星级饭店的经营绩效比较突出，旅游产业对就业的贡献较大。不足之处主要有：4A 级及以上景区数量偏少、景区之间距离较远、交通的便捷度较差、景区对门票收入依赖度较高，A 级景区劳动生产率偏低。

　　贵州的优势在于旅游服务的质量较高、旅游投诉较少，政府对文化旅游相关产业的投入较大，门票收入占景区营业收入的比重不高、旅游产业结构高级化的趋势已经显现，各类旅游企业经营业绩良好，旅游对第三产业和整体经济的拉动作用明显。不足之处则突出表现为：入境游客较少、国际旅游收入不高、旅游对城镇化的推动作用相对较弱。

　　总之，各省区应找出短板、精准施策，不断推动旅游产业高质量发展。

第六章

我国西南民族地区经济高质量
发展的薄弱环节及瓶颈分析

——以广西为例*

　　本章旨在以广西为例，依据广西经济高质量发展的现实基础和评价测度结果，找出制约广西经济高质量发展的薄弱环节和主要瓶颈，以便提出更有针对性的对策建议和保障措施。

　　从我国省际经济高质量发展的评价测度结果看，我国西南民族地区经济高质量发展水平偏低、创新能力较弱、开放水平不高，区域内部城乡之间、地域之间发展不平衡的矛盾不是很突出，但是区域整体尤其是广西、云南和贵州与全国平均水平、先进水平的差距较大，经济发展不充分的矛盾非常突出。我国西南民族地区最大的优势是生态环境良好，但是节能减排和环境治理的力度不足，资源环境的束缚趋紧，经济发展与环境保护的冲突日趋激烈，环境风险的隐患不容忽视。脱贫攻坚取得

---

　　* 本章数据均来源于国家统计局网站、广西统计局网站和历年《中国统计年鉴》《广西统计年鉴》。

了重大胜利，但是人民生活水平还比较低，公共服务和基础设施还不完善，乡村振兴的任务还很艰巨。在此基础上，应寻根溯源，力求透过纷繁复杂的经济现象看出经济发展的本质规律，深入分析制约广西经济高质量发展的主要瓶颈和薄弱环节。

第一节　创新发展的最大制约是人才储备不足

创新是高质量发展的根本动力。创新能力不足就难以形成真正意义的高质量、高效益，而这正是广西经济高质量发展最大的制约因素。创新发展归根结底要靠人来推动，广西的人口总量并不少，在全国 31 个省份（港澳台地区除外）中排名第 11 位。但是由于经济、教育、社会保障等方面长期发展滞后，人力资本积累的数量和质量都不容乐观。从数量上看，广西 6 岁以上人口每万人中本科及以上学历的仅为 360 人，而全国平均水平是 630 人，差距很大；研究生以上学历的人口占比则更低，广西每万人中仅有 20 人，而全国平均水平是 60 人，上海则达到了 280 人，北京更是高达 840 人。由此可见，人力资本储备的数量不足、质量不高是制约广西经济高质量发展特别是创新发展的最大瓶颈。

一、创新能力偏低的突出表现

（一）创新发展的外部环境欠优

马克思高度重视创新对经济社会发展的重要作用，在阐述"社会必要劳动时间"时提到"在英国采用蒸汽织布机以后，把一定量的纱织成布所需要的劳动可能比过去少一半"[1]"采用改良的生产方式的资本

---

[1]　马克思．资本论．第一卷［M］．北京：人民出版社，2014：52.

家，比同行业的其余资本家在一个工作日中占有更大的部分作为剩余劳动"①，剩余劳动能够带来超额剩余价值。新形势下，技术创新及其扩散效应能够创造更多财富、增加行业利润、提高发展质量。但与此同时，创新的门槛很高，需要投入巨大的人力、物力和财力；创新的风险很大，创新失败可能对创新主体产生持续性影响。因此，创新发展需要一定的土壤和较好的外部环境。

整体上广西创新发展的外部环境欠优：经济方面，根据《中国统计年鉴（2020）》，2019 年广西人均 GDP 42964 元、人均一般公共预算收入 3653 元，在全国各省份中均排名倒数第 3 位，广西人均各项存款余额 63802 元，仅为全国平均水平的 45.1%。广西科学技术支出占地方一般公共预算支出的比重仅为 1.2%，不足广东的 1/5、全国平均水平的 1/2。人才方面，广西高层次人才数量较少、高等教育落后、研发力量薄弱，根据《中国科技统计年鉴（2020）》，2019 年广西 R&D 人员总计 8.2 万人，不足广东的 1/13、北京的 1/5，在西南五省区中仅高于贵州省。企业方面，2019 年广西规模（限额）以上企业中开展创新活动的企业有 4539 家，在全部企业中占比为 34.4%；实现创新的企业 4366 家，占比为 33.1%；同时实现四种创新②的企业 601 家，占比为 4.6%。各项比率指标不仅低于全国平均水平，而且在西南五省（区/市）中也都处于最后一位，说明广西企业创新的积极性和成功率都比较低。制度环境方面，广西引人用人的机制不够灵活、政策不够优越，市场机制不够完善，营商环境、工作效率和责任担当均有待加强。因此，经济发展水平不高、金融资本稀缺、财政有心无力、人才储备不足、制度环境欠优的外部环境，严重制约了广西的创新发展水平。

（二）R&D 经费投入强度偏低

R&D 经费投入强度是指研究与试验发展支出占 GDP 的比重，反映

---

① 马克思. 资本论. 第一卷 [M]. 北京：人民出版社，2014：370.
② 四种创新是指产品创新、工艺创新、组织创新、营销创新。

对科技创新的重视程度。投入是产出的前提，但是根据《中国科技统计年鉴（2020）》，广西的 R&D 经费投入强度长期处于低水平，2019 年仅为 0.79%，相对于全国平均水平的 35%，在西南民族地区垫底，在全国排名第 27 位，仅高于青海、海南、新疆和西藏。由表 6 − 1 可见，2013 年广西的 R&D 经费投入强度为 0.87%，到 2019 年下降到 0.79%。在全国绝大部分省份 R&D 经费投入强度不断提高的背景下，广西反而出现了下滑。2019 年 R&D 经费投入强度超过广西 4 倍的有北京、上海和天津，超过广西 3 倍的有广东、江苏和浙江，超过广西 2.5 倍的有陕西、山东、湖北、辽宁、安徽、重庆和湖南。江西、云南和宁夏的 R&D 经费投入强度较 2013 年均增长了 50% 以上，而广西却下降了 9%。也是在此期间，江西和云南的 GDP 总量超越了广西。

表 6 − 1 　　　　2013 ~ 2018 年部分省份 R&D 经费投入强度比较 　　单位: %

地区	2013 年	2014 年	2015 年	2016 年	2017 年	2018 年	2019 年
全国	2.00	2.02	2.06	2.10	2.12	2.14	2.23
北京	5.61	5.53	5.59	5.49	5.29	5.65	6.31
上海	3.35	3.41	3.48	3.51	3.66	3.77	4.00
天津	4.30	4.37	4.69	4.68	3.68	3.68	3.28
广东	2.31	2.35	2.41	2.48	2.56	2.71	2.88
江苏	2.51	2.55	2.53	2.62	2.63	2.69	2.79
浙江	2.19	2.27	2.32	2.39	2.42	2.49	2.68
陕西	2.15	2.11	2.20	2.20	2.15	2.22	2.27
湖北	1.76	1.81	1.85	1.80	1.88	1.96	2.09
辽宁	2.32	2.17	1.80	1.83	1.98	1.96	2.04
安徽	1.71	1.75	1.81	1.81	1.90	1.91	2.03
重庆	1.35	1.38	1.54	1.68	1.82	1.90	1.99
湖南	1.39	1.42	1.45	1.52	1.68	1.81	1.98
四川	1.51	1.56	1.66	1.69	1.68	1.72	1.87
江西	0.95	0.98	1.03	1.13	1.27	1.37	1.55

续表

地区	2013 年	2014 年	2015 年	2016 年	2017 年	2018 年	2019 年
宁夏	0.90	0.96	0.99	1.08	1.22	1.30	1.45
云南	0.62	0.61	0.73	0.81	0.85	0.90	0.95
贵州	0.59	0.60	0.59	0.62	0.70	0.79	0.86
广西	0.87	0.82	0.72	0.73	0.80	0.74	0.79

资料来源：中国科技统计年鉴（2020）。

从研发经费投入的结构看，2019 年广西 R&D 经费内部支出 167.13 亿元，外部支出 9.6 亿元，外部支出是内部支出的 5.7%，低于 7.4% 的全国平均水平，更低于北京、广东、浙江等省份 10% 以上的水平①。广西作为欠发达地区，与国外及国内发达地区在科技水平上的差距较大，一般来讲，外部引进比内部创新的速度更快，因此，广西可以借助国际合作、省际合作、引进吸收等方式，适当增加 R&D 经费外部支出的比重，加快科技创新的步伐。从 R&D 经费内部支出的结构看，人员劳务费占广西 R&D 经费内部支出的比重为 27.7%，低于 31.2% 的全国平均水平，说明广西科技人员的待遇不高，还有较大的提升空间。

企业是技术创新的主体，但广西企业技术创新的主体地位并不突出。从规模以上工业企业看，2019 年 R&D 经费投入强度仅为 0.49%，不足全国平均水平的 35%，在西南 5 省（区、市）中排在倒数第 1 位（见表 6-2）。从总量来看，2019 年广西全部规模以上工业企业研发投入 1044742 万元，而华为一家企业的研发经费投入为 1317 亿元，整个广西不足华为的 1/12。从行业来看，以上汽通用五菱为代表的汽车制造业 R&D 经费内部支出占比最高，达到了 26.9%。从技术获取和技术改造来看，广西工业企业主要采取了技术改造的形式，经费支出达 175 亿元，购买境内技术经费支出 2 亿元，引进境外技术经费支出 0.67 亿

———————
① 中国科技统计年鉴（2020）。

元，引进技术的消化吸收经费支出 0.04 亿元，占比非常小。这说明广西工业企业技术升级的主要路径是自主研发和技术改造，技术革新的胆子还不够大、步伐还不够快。从国有控股企业来看，2019 年广西大中型国有控股工业企业 R&D 经费内部支出 56.72 亿元，占全部大中型工业企业 R&D 经费内部支出的比重达到 54.3%，说明国有控股企业在技术创新和 R&D 经费投入方面，发挥了引领作用、主力军作用[1]。

表 6 – 2　　2019 年部分省份规模以上工业企业 R&D 经费投入情况比较

地区	规模以上工业企业 R&D 经费（万元）	投入强度（%）
全国	139710989	1.41
重庆	3358918	1.42
四川	3878572	0.83
云南	1297741	0.56
贵州	910206	0.54
广西	1044742	0.49

资料来源：中国统计年鉴（2020）。

（三）科技创新的产出效益不明显

科技创新能力是一个国家或地区核心竞争力最为关键的体现，具有较强的科技创新能力才能站在产业链、价值链的高端。广西创新能力不足主要表现在以下两个方面：一是国家重点实验室、国家工程（技术）研究中心、国家级企业技术中心等高端科技创新研发平台数量很少，导致高层次科技创新成果不足。二是投入产出效益不高。

从规模以上工业企业看，2019 年广西工业企业 R&D 人员 32429 人，每百人有效发明专利数 25 件，比全国平均水平略低；人均新产品销售收入 567 万元，比全国平均水平略高，但其中出口收入仅 41 万元，不足全国平均水平的 1/2，说明广西工业企业的新产品在国际市场上的竞

---

[1]　中国科技统计年鉴（2020）。

争力还不强。2019年广西规模以上工业企业新产品销售收入占全部营业收入的比重仅为10.5%，而全国平均水平是19.9%，说明广西工业企业的创新力度还明显不足。

从研究与开发机构看，2019年广西研究与开发机构R&D人员4559人，平均每百人发表科技论文73篇，其中，国外发表11篇，出版科技著作2部，有效发明专利32件，专利所有权转让及许可收入16万元，形成国家或行业标准数0.4项；对比全国平均水平，每百人发表科技论文162篇，其中，国外发表56篇，出版科技著作5部，有效发明专利141件，专利所有权转让及许可收入169万元，形成国家或行业标准数3.1项，广西研发机构的科技产出水平处于明显的劣势，大幅落后于全国平均水平。

从高等学校看，2019年高等学校R&D人员32935人，平均每百人发表科技论文76篇，其中，国外发表13篇，出版科技著作2部，有效发明专利20件，专利所有权转让及许可收入4万元，形成国家或行业标准数0.01项；对比全国平均水平，每百人发表科技论文117篇，其中，国外发表44篇，出版科技著作4部，有效发明专利34件，专利所有权转让及许可收入13万元，形成国家或行业标准数0.08项，广西高等学校的科技产出水平也大幅落后于全国平均水平。

从技术市场成交额看，2019年广西技术市场成交合同金额316.7亿元，占GDP的比重为1.5%，而全国平均水平是2.3%，北京市已经高达9.1%。不过积极的变化是近年来广西技术市场成交额以较快的速度逐年上升，2019年较2015年已经翻了5.5倍。

从高新技术产业看，2019年广西高新技术产业营业收入为1536亿元，占GDP的比重为7.2%，而全国平均水平是16.1%，广东省已经高达43.4%。这说明广西高新技术产业规模较小、发展滞后，产业结构升级的任务非常艰巨①。

---

① 以上数据来源于中国科技统计年鉴（2020）。

二、人才储备不足的主要根源

(一) 高等教育落后导致人才流失

根据《广西统计年鉴2020》数据，2019年广西普通高等学校78所，本专科在校生107.6万，每万人中高等教育在校生217人，与全国水平持平，其中，本科生105人，仅为全国水平的84%。更为严重的是，广西高等教育的发展比较落后，78所高校中大多是高职高专院校和1999年之后升本的地方应用型高校，高水平综合性大学较少，广西没有入选"985"工程的高校，入选"211"工程的仅广西大学1所，国家42所一流大学建设高校中广西空白，95所一流学科建设高校中广西仅广西大学1所，全国第四轮学科评估结果显示，A＋档（前2%或前两名）学科广西没有，A档（前2%～5%）学科广西没有，A－档（前5%～10%）学科广西没有，B＋档（前10%～20%）学科广西也没有，广西最好的学科是广西大学的化学工程与技术和桂林理工大学的环境科学与工程，排在B档（前20%～30%）[①]。高等教育落后直接导致了广西本地高层次人才供给不足，也间接影响了广西高考的难度，导致了广西精英人才的流失。以2019年高考为例，广西一本上线率仅为13.2%，"985"高校录取率仅为1.3%，各项高考指标均处于全国倒数前五名的位置。一方面，广西的孩子很难考上好的大学，另一方面，广西考上好大学的孩子基本都到了外省，其中，毕业学子回来建设广西的比重不高，这进一步阻碍了广西人力资本的积累，导致人才流失。

(二) 缺乏人才发展的载体和平台

广西高层次人才发展的载体、平台非常缺乏。一是综合性高水平大

---

① 国务院发展研究中心课题组. 高质量发展的目标要求和战略重点（下）［M］. 北京：中国发展出版社，2019：558.

学不多，二是高层次科研机构较少，国家级重点实验室只有 3 家，广西各级政府部门所属的 108 家科研机构，普遍规模不大、研发能力和基础条件较差。高水平大学和科研机构数量较少，直接导致了广西基础研究和自主新能力薄弱。广西的科技孵化器和众创空间数量也较少，创业团队和企业吸纳的投资额度和就业人数都不多。各种因素叠加使广西区域创新活动的影响力不大，吸引高层次学术带头人的能力不强，难以形成高水平的创新团队和具有国际竞争力的科研成果。

（三）专业技术人才规模小、结构差

根据广西统计局数据，2019 年广西科学研究和技术服务业城镇单位就业人员仅为 7.4 万人，工业企业研发人员仅 3.2 万人。广西专业技术人员的结构分布也不合理，从区域角度看，主要集中在南宁、柳州、桂林和玉林 4 个城市，而河池、来宾、崇左等城市拥有的专业技术人员不仅远远低于全国平均水平，也低于广西平均水平；从就职机构看，教育、卫生、文化等领域的专业技术人员较多，而生物技术、信息工程、现代医药等领域的专业技术人员相对较少。从城乡分布看，各类专业技术人员主要集中在城市，农村教师和医护人员缺失严重，根据广西招生考试院官网公布数据，2019 年全区中小学教师公开招聘岗位中有 1835 个岗位无人报考，其中大部分为乡村教师岗位。

（四）引人用人的政策不优、效益不高

近年来，西安、南京、武汉、天津、长沙等城市开展了激烈的"抢人大战"，在户籍政策、奖励机制、配套服务等方面纷纷出台优惠政策，力度很大、效果很好。但在国内城市人才争夺进入白热化的情况下，广西大部分城市则表现得"相当平静"，虽然也出台了一系列人才政策，但是总体上门槛高、待遇低、服务差，与上述城市相比，无论在力度、广度还是政策的创新性上，都没能形成较强的竞争力。

广西人才引进的效益也不好，仍然存在"重引资、轻引才，重项

目、轻服务，重引进、轻使用"的落后思维、惯性思维，引进的清华、北大等著名高校的优秀毕业生大部分都集中在党政部门，到产业、到企业一线发展的特别少，高层次人才的岗位匹配度也不高，从而使人才引进的综合效益没能最大化发挥出来。

第二节　协调发展的薄弱环节是经济结构欠优

广西协调发展面临三大困境，一是城乡之间发展不均衡，二是区域之间发展不平衡，三是经济结构不合理不均衡。城乡之间、区域之间的不均衡在广西内部表现得并不突出，突出的问题是广西的城乡发展水平、区域发展水平均大幅落后于全国平均水平。也就是人民日益增长的美好生活需要与广西经济发展不充分的矛盾十分突出，而其根源也在于经济结构不合理不均衡。因此，广西协调发展的最薄弱环节是经济发展不充分、经济结构欠优。

一、经济发展不充分是广西协调发展水平不高的根源

从城乡协调发展的视角看，广西脱贫攻坚虽已取得重大胜利，但相对贫困的人口还比较多，巩固脱贫成果、增强造血能力、防止返贫的任务还很艰巨。广西城乡协调发展水平不高主要体现在城乡二元结构严重阻隔了人才、资金、技术等生产要素的自由流动，要素配置效率不高，城乡基本公共服务均等化仍然存在较大差距。但是由于广西整体发展滞后，城乡发展水平都不高，因此城乡之间的差距并不是十分突出，与全国整体的城乡差距相比甚至显得更为均衡。相对于广西农村与全面农村的差距，广西城镇与全国城镇平均水平的差距更为明显，城镇对乡村的辐射带动能力也更为薄弱。因此，广西当务之急是要解决经济发展不充

分的问题，同步提高城乡发展水平。

从区域协调发展的视角看，广西以"北部湾经济区"和"珠江—西江经济带（广西7市）"双核驱动为发展战略，近年来又实行了"强首府战略"。但是区域之间的整体差距并不十分突出。一般情况下，优势区域 GDP 占比是人口占比的 1.5 倍~2 倍比较合理，低于 1.5 倍说明区域内发展差距并不明显、优势区域的引领带动作用不大，高于 2 倍则说明区域内发展差距非常大、区域经济发展不平衡的矛盾比较突出。据此分析，2019 年北部湾经济区在广西的 GDP 占比是人口占比的 1.38 倍，珠江—西江经济带（广西7市）在广西的 GDP 占比是人口占比的 1.08 倍，南宁在广西的 GDP 占比是人口占比的 1.43 倍，均未超过 1.5 倍。除此之外，按省会（首府）城市在本省 GDP 占比计算，南宁在全国排名倒数第五。因此，广西区域经济发展最突出的矛盾不是区域内部发展不平衡，而是区域整体发展不充分。2019 年广西 14 个地级市中 GDP 超过 2000 亿元的仅有 3 个，进入全国百强城市的仅有 2 个，GDP 低于 1000 亿元的城市有 6 个。这说明广西的主要精力应该放在大力促进经济增长、提高经济发展的整体水平上。

二、经济结构不均衡是广西协调发展需要解决的薄弱环节

广西经济结构不均衡主要体现在三次产业之间、实体经济与虚拟经济之间以及各细分行业之间。

（一）三次产业之间的不均衡

广西三次产业之间的主要问题是第一产业占比过高但劳动生产率过低，第二产业发展不充分，工业化、城镇化的步伐缓慢，处于刚刚起步阶段、上升阶段，又赶上了国内外经济环境变化、要素成本上升、人口红利消失、资源环境约束从紧等不利因素。第三产业虽然占

比不小，但发展质量不高，以满足人民基本需要的生活性服务业为主，生产性服务业、现代服务业占比不高。从劳动生产率的视角分析，推动经济发展的直接途径是将劳动力资源向劳动生产效率高的产业或地区转移，即将劳动力资源由第一产业向第二产业、第三产业转移，由乡村向城镇转移。根据《广西统计年鉴2020》数据，广西目前第一产业集中了48.7%的从业人口，贡献了16%的地区生产总值（GDP），人均每年劳动生产率仅为2.44万元，仅为第二产业劳动生产率的17%、第三产业劳动生产率的22%。根据国务院发展研究中心关于产业结构合理化的定义和计算口径，2019年广西产业结构合理化指数，即产业结构偏离度为2.09，该指标越大表示经济越偏离均衡状态，产业结构越不合理。2019年全国产业结构合理化指数为1.27，说明广西产业结构扭曲化程度相当严重，要素配置效率与产业协调发展水平有待提高。因此，加快工业化和城镇化的步伐，提升服务业的发展质量和就业容纳能力，是促进产业结构升级、推动经济高质量发展的有效途径。

（二）实体经济与虚拟经济之间的不均衡

广西金融资本紧缺、金融市场不发达，整体经济"脱实向虚"的风险比较小。实体经济与虚拟经济的不协调或风险主要体现在以下三点：一是地方政府的财政风险和债务风险，二是房地产泡沫风险，三是虚拟经济特别是金融业服务实体经济的能力有待提升。

近年来广西财政支出的增速明显高于财政收入的增速，财政收支的弹性系数显著高于1，再加上2015年以来广西财政自给率①持续走低，到2019年仅为50.7%，个别城市如河池市财政自给率甚至低于20%，因此财政风险不容忽视。根据《广西壮族自治区2019年预算执行情况和2020年预算草案的报告》，2019年末广西全区政府债务余额6354.7

---

① 财政自给率=财政收入/财政支出，其中，地方财政收入的统计口径为一般公共预算收入与上划上级收入的合计数，地方财政支出的统计口径为一般公共预算支出数。

亿元，占 GDP 的 30%，占地方综合财力①的 85%，占财政部核定债务限额的 92.5%。一般认为债务负担率②低于 35%，财政负债率③低于 90%，刚性偿付保障系数④大于 5，政府的债务风险的比较小。广西上述指标均在安全范围之内，整体上债务风险比较小。但是财务余额已经接近财政部核定的债务限额，债务扩张的空间已经比较有限，另外，个别城市、个别环节的债务风险也不容忽视，如地方政府融资平台等。

近年来广西房地产行业发展迅猛，根据广西统计局官网数据，2016～2019 年广西房地产开发投资年均增长 19.1%，2019 年达到 3814.41 亿元，占 GDP 的比重为 18.0%。一般认为，该指标在 10% 以内属于合理范围；超过 15% 则说明房地产开发投资的泡沫已经显现。从房地产开发的资金来源来看，2019 年广西房地产开发资金中自筹资金仅占 28.2%，企业的财务风险和银行的信贷风险都不容忽视。从房价收入比⑤看，2019 年广西全区房价收入比为 7.7 倍，按照世界银行的标准，发展中国家的房价收入比一般在 3～6 倍，再次印证广西房地产的泡沫已经显现。从房地产价格增长率与 GDP 增长率的比较来看，2016～2019 年广西商品住宅销售价格年均增长 8.9%，GDP 年均增长 6.7%，房价增速是 GDP 增速的 1.33 倍。一般认为，该指标超过 1.3 倍时房地产存在泡沫。南宁作为广西省会，是广西房价最高的城市，2019 年房地产开发投资 1461.08 亿元，占 GDP 的比重高达 32.4%，房价收入比高达 8.1 倍。说明南宁的房地产泡沫比广西全区整体水平更为严重。整体来看，广西房地产存在一定的泡沫，但由于处在发展期，风险基本可控。需要注意的是，今后要防范房地产泡沫继续扩大挤占金融资源、挤压实体经

---

① 综合财力的统计口径为一般公共预算支出、政府性基金预算支出和国有资本经营预算支出之和。

② 债务负担率 = 政府债务余额/GDP。

③ 财政负债率 = 政府债务余额/综合财力，其中，综合财力的计算口径为当年一般公共预算支出、政府性基金预算支出和国有资本经营预算支出之和。

④ 刚性偿付保障系数 = 当年一般公共预算收入/当年还本付息额。

⑤ 计算的房价收入比 = 城镇人均住宅建筑面积×商品住宅销售价格/城镇居民人均可支配收入。

济、抑制人口流入，要将有限的资源更多地投放到实体经济的发展，特别是技术创新、乡村振兴、节能环保等领域。

金融服务实体经济的能力是经济发展的助推剂和润滑剂，特别是在金融资本稀缺的西部欠发达地区尤为重要。广西上市公司数量少，直接融资的比例和途径都不多。银行机构金融资源配置错位的现象比较严重，国有平台和大型企业融资容易且成本低，中小微企业、民营企业则面临着高利率、高抵押、高费用、短期限等融资门槛。广西金融资源配置的效率亟待提升，推行绿色金融、普惠金融，提高金融服务实体经济的能力已经迫在眉睫。

（三）细分行业之间的不均衡

根据《广西统计年鉴 2020》数据，广西规模以上工业企业各细分行业，2015～2019 年年均总资产利润率超过 15% 的行业有：计算机、通信和其他电子设备制造业，废弃资源综合利用业，石油和天然气开采业，化学纤维制造业，纺织服装、服饰业，罐头制造业，水泥制造业。2015～2018 年年均主营业务收入利润率超过 10% 的行业有：水力发电业，石油和天然气开采业，水的生产和供应业，水泥制造业，制糖业，燃气生产和供应业，医药制造业，罐头制造业，有色金属矿采选业。2015～2018 年年均净资产收益率超过 30% 的行业有：化学纤维制造业，废弃资源综合利用业，计算机、通信和其他电子设备制造业，汽车整车制造业，非金属矿采选业，纺织服装、服饰业，罐头制造业，制糖业，家具制造业，黑色金属冶炼及压延加工业，电气机械及器材制造业。

上述行业具有较高的重合度，基本上集中了广西当前竞争力较强的优势产业，大体可以分为三种类型：一是先进制造业，如计算机、通信和其他电子设备制造业，汽车制造业，医药制造业，电气机械及器材制造业等；二是资源型产业，如石油和天然气开采业，黑色金属冶炼及压延加工业，有色金属矿采选业，非金属矿采选业，制糖业，罐头制造业，水力发电业，废弃资源综合利用业等；三是劳动密集型产业，如纺织服装、服饰业，化学纤维制造业，水泥制造业，家具制造业等。以2019 年为例，第一类具有相对竞争优势的先进制造业大约占广西工业企业利润总额的 21%，第二类具有相对竞争优势的资源型产业大约占广西工业企业利润总额的 45%，第三类具有相对竞争优势的劳动密集型产业大约占广西工业企业利润总额的 22%。

广西工业各细分行业之间发展不均衡，突出的矛盾主要体现在以下三点：一是资源型、劳动密集型产业占比偏高，先进制造业、战略新兴产业占比偏低。根据师博、韩雪莹（2020）对我国实体经济各行业高质量发展水平的测度结果，技术含量高的行业发展质量也更高，如通信设备、计算机及其他电子设备制造业；技术附加值低、污染排放大的行业发展质量也更低，如黑色金属冶炼及压延加工业以及非金属矿物制品业。广西的问题恰恰是低端产业占比大，高端产业占比小。二是资产规模较大的产业利润率偏低，如电力产业，有一定竞争力、利润率较高的产业整体规模较小，如医药制造业、废弃资源综合利用业。三是很多资源型、劳动密集型产业出现了明显的利润率下滑趋势，如制糖业，纺织服装、服饰业，采矿业，罐头等食品制造业，其中，制糖业最为明显，利润总额下降明显。可见，传统产业转型升级压力已经越来越大，甚至到了生死攸关、迫在眉睫的关键时刻。

第三节　绿色发展的当务之急是增强红线意识

生态环境良好是包括广西在内的我国西南民族地区经济高质量发展的优势和特色，要坚持大保护，不搞大开发，不走大规模工业化的老路，不走先污染再治理的弯路，要结合资源禀赋优势，走适合自身特色的发展道路，打造旅游、康养、绿色食品、生物制药等大健康产业，积极探索践行"绿水青山就是金山银山"的市场机制。但是由于经济发展冲动、思想观念落后、治理成本较高、监督管理不到位等，近年来包括广西在内的西南民族地区在节能减排、环境治理等方面已经表现出令人担忧的迹象，必须引起高度重视，必须从观念上、制度上、法律上、管理上，全方位树立资源利用的上线、环境质量的底线和生态保护的红线。广西绿色发展的短板主要表现在以下三个方面。

一、能耗水平偏高、能源消费结构有待优化

根据《中国能源统计年鉴（2019）》，2018 年广西全区煤炭消费量7339.78 万吨，石油消耗量 1226.98 万吨，天然气消耗量 22.68 亿立方米，电力消耗量 1742.81 亿千瓦小时，能源消费总量 10823 万吨标准煤。横向比较，2018 年广西每万元 GDP 能耗 0.55 吨标准煤，较全国平均水平略高，与先进省份相比还有较大差距，单位 GDP 能耗是北京的2.3 倍、广东的 1.6 倍；纵向比较，广西每万元 GDP 能耗从 2015 年的0.66 吨标准煤下降到了 2019 年的 0.53 吨标准煤，但是广西的能源自给率不足 1/3，且有缺口越来越大的趋势，能源自给率从 2015 年的 33.4%下降到了 2019 年的 32%。并且，从全国来看，能耗水平最高的是黑色金属冶炼及压延加工业、有色金属冶炼和压延加工业、非金属矿物制品业等，而这些产业恰好是广西制造业的支柱产业，上述三个产业占广西制造业资产总额的 28.5%，贡献了广西制造业总产值的 23.7%、利润总额的 33.4%。长期来看，这样的产业结构会对生态环境产生持续的压力和隐患。

从能源消耗的结构来看，2018 年广西能源消耗中，煤炭消耗占48.8%，大幅低于全国平均水平；石油消耗占 13.8%，大幅低于全国平均水平；水电及其他能源消耗占 37.4%，高于全国平均水平。从整体结构对煤炭、石油不可再生资源的依赖度相对不是很大，依托资源优势水电占比较高，但对天然气等清洁能源的消耗量较小，仅 22.68 亿立方米，在全国 30 个省份（港澳台除外、西藏数据暂缺）中排名倒数第3 位。另外，近年来煤炭消耗占比有逐步上升的趋势，长期来看，对碳

排放和生态环境的压力不容忽视。

广西的能源消耗量较高，但效率相对较低，能源利用率不高。在一些工业和建筑领域，存在能源浪费和能源管理不规范的问题，导致能源资源的浪费和环境负担的加重。广西的能源消耗结构中煤炭、石油等化石能源占比较高，而清洁能源的比重相对较低。这种不合理的能源结构导致了能源利用效率低下、环境污染隐忧增加以及对能源供应的依赖度偏高。因此，广西的能源供应存在一定的不稳定性。一方面，广西自身的能源资源有限，特别是传统能源的开采面临逐渐减少的趋势，导致能源供应的不确定性；另一方面，广西与其他地区的能源输送通道有限，容易受到外部因素的影响，如天然气、电力等能源的供应受限。此外，传统能源的开采、转化和利用过程中会产生大量的污染物和温室气体排放，对环境造成严重影响。广西的能源开发和利用活动也存在着环境污染问题，如煤炭燃烧导致的大气污染和温室气体排放等。

针对上述问题，亟须采取相应措施。一是调整能源结构，加大清洁能源的开发和利用，如风能、太阳能、水能等可再生能源的开发，减少对传统能源的依赖。二是提高能源效率，加强能源管理和技术创新，提高能源的利用效率，减少能源的浪费。三是推动能源转型，鼓励企业和个人采用清洁能源技术，推动能源转型和绿色发展。四是加强环境监管，加强对能源开发和利用过程中的环境监管，减少污染物和温室气体的排放，保护生态环境。五是加强国际合作，与其他国家和地区加强合作，共同推动能源技术的创新和应用，实现绿色、可持续的能源发展目标。

二、减排效果一般、环境治理的力度有所减弱

根据《广西统计年鉴 2020》数据，2018 年广西全区工业废水排放量 34255 万吨，工业废气排放总量 16010 亿标立方米，工业固体废物产生量 7629 万吨，二氧化硫排放总量 10 万吨，烟（粉）尘排放量 16 万

吨。纵向来看，各项指标单位 GDP 排放量均呈下降趋势；但横向比较，单位 GDP 废水排放量、二氧化硫排放量、烟（粉）尘排放量均高于全国平均水平。其中，排放量较高的行业主要有黑色金属冶炼及压延加工业、有色金属冶炼及压延加工业、非金属矿物制品业、造纸及纸制品业、化学原料及化学制品制造业、农副食品加工业、电力热力生产和供应业。

根据《广西统计年鉴 2020》数据，从工业污染治理施工项目投资情况看，2016～2018 年持续三年出现了大幅衰减，投资额从 2016 年的 13 亿元，下降到了 2018 年的 5.8 亿元。从环境污染源治理投资额来看，也出现了类似的情况，2018 年较 2015 年大幅下降了 48%，投资额从 233 亿元下降到 121 亿元。此外，城市环境基础设施建设完成投资额也从 2016 年的 160 亿元下降到了 2018 年的 115 亿元。说明环境治理的力度有所减弱。

绿色发展需要大量的投资，包括环保设施建设、技术研发和创新、资源整合等方面。然而，广西在经济发展相对滞后的情况下，资金短缺成为制约绿色发展的一个重要问题。除了资金，绿色发展还需要依靠先进的环保技术和装备，但广西在环保技术研发和应用方面发展相对滞后，缺乏核心技术和自主知识产权。这导致了广西在绿色发展中面临技术引进、技术转化和创新能力不足的问题。广西的经济结构以传统产业为主，绿色发展需要进行产业结构调整，但广西在推动传统产业向绿色产业转型方面面临一系列困难，包括缺乏相关政策支持、技术转型难度大、就业压力等问题。

因此，广西亟须加强对工业企业的环境监管力度，建立健全监测和执法机制。加大对违法排污行为的查处力度，对违法者进行严厉处罚，形成威慑效应。推动清洁生产，支持企业进行技术改造和设备升级，采用先进的生产工艺和技术，减少污染物的产生和排放，提高生产过程中的资源利用效率和环境友好性。建立健全的排污许可制度，对工业企业的排放行为进行许可和监管。确保企业在符合排放标准的前提下进行生产，加强对排放数据的监测和报告。加强污染物治理，针对重点污染行业和企业，加强污染物治理工作。推广和应用污染物治理技术，如烟气脱硫、脱硝、除尘等技术，减少污染物的排放。鼓励循环经济发展，推动工业企业实施循环经济模式，促进资源的循环利用和废物的减量化处理。提高企业环保意识，加强企业环保意识的培养和教育，推动企业树立绿色发展理念，形成良好的环保文化。引导企业主动履行社会责任，加强企业与环保组织和公众的沟通与合作。

三、生态环境脆弱、监管力度和环保意识亟须提高

广西是我国喀斯特地貌发育最典型、分布最广泛的地区之一，石漠化片区面积较大，生态环境具有脆弱性的一面，同时还存在着生态环境破坏和资源枯竭的问题。广西南部山区和西部地区水资源相对匮乏，长期以来，过度开采和不合理利用水资源导致水源减少、水质下降，严重影响了生态系统的健康发展。广西的一些工业和农业活动导致水污染问题突出，工业废水、农业面源污染和城市生活污水排放等对水体造成了严重污染，影响了水生态系统的平衡和水资源的可持续利用。广西部分地区存在土壤污染和退化问题，农业化肥、农药的过度使用、工业废弃物的不当处理等导致土壤质量下降，影响了农作物的生长和土地的可持续利用。广西是我国的重要森林资源区之一，但森林资源面临被破坏和砍伐的压力，非法采伐、滥伐和土地开发等活动导致森林覆盖率下降、生物多样性减少、生态系统受到破坏。这些问题对于广西的绿色发展产生了制约，需要加大生态环境保护和恢复力度，但面临着投入不足、治理难度大等挑战。

广西在环境监管方面存在一定的薄弱环节，一些企业和个人存在违法排污、偷排偷放等行为，但监管力度不够强，导致环境违法行为得不到有效遏制和处罚。在一些地方为了追求经济发展和地方利益，存在环境保护与经济发展之间的矛盾，导致一些地方政府对环境保护的重视程度不够，环境利益被牺牲。一些开发项目在规划和实施过程中没有充分

考虑生态环境保护，导致生态破坏无法及时得到修复和恢复，生态环境的修复和保护工作不到位。

广西可以加大政府投入，鼓励企业加大绿色技术研发和创新，推动绿色产业发展和生态环境保护，同时加强宣传教育，提高公众对绿色发展的认知和支持度。加大对企业环境违法行为的监管力度，加强排污许可制度的执行力度。加强环境保护宣传教育，提高公众环境意识，培养环境保护的习惯和行动。加大对生态环境的修复力度，推动生态保护与经济发展的有机结合，确保开发项目的生态环境保护和修复工作到位。加强跨区域合作，与邻近地区加强环境治理的合作，共同解决跨区域环境问题，推动区域环境的整体改善，实现可持续发展和人与自然和谐共处。

第四节　开放发展的主要瓶颈是缺乏联动思维

广西作为我国西部地区唯一一个沿海又沿边的省份，区位优势明显，国家也对广西的开放发展给予了政策支持和战略定位。政策上将中国东盟博览会永久落户南宁，将北部湾经济区和"珠江—西江经济带"开放开发上升为国家战略，并在广西设立了自由贸易区；战略上将广西定位为：面向东盟的国际大通道、西南中南地区开放发展新的战略支点和"一带一路"有机衔接的重要门户。但是由于广西自身经济发展水平不高、思想观念偏保守，开放开发的力度还不大、效果还不佳。主要瓶颈突出表现在以下几个方面。

一、开放发展的环境欠佳

广西开放发展的环境欠佳主要体现在经济发展水平不高、企业竞争力不强、市场机制不完善、政策制度不到位等方面。经济发展水平是对外贸易的重要支撑，广西经济总量和技术水平不高，产品和服务在国际市场上缺乏竞争力，这是制约广西开放发展的根本原因。因此，做大实体经济、提高技术水平、提升产品和服务的质量，是广西实现更高水平对外开放的前提。公平公正的市场环境、充分竞争的市场机制、廉洁高效的政务服务，对招商引资和企业成长具有重要的促进作用，是区域经济竞争软实力的重要体现，也是开放发展迈向更高水平的重要保障。根据王小鲁、樊纲、胡李鹏的《中国分省份市场化指数报告（2018）》，广西的市场化总指数得分为 6.43，在全国 31 个省份（港澳台除外）中排名第 19 位，在西南五省（区、市）中高于云南、贵州，但低于重庆和四川。① 总体上，广西的市场化进程在西部地区相对不错，但是和东部地区相比还存在很大的差距。因此，也存在各种各样的问题，如审批流程长、审批效率低、"放管服"意识不足、政策支撑不到位、吸引人才的力度不大、门槛过多、机制不够灵活、整体税负偏重、税收环境有待优化等。

二、开放发展的力度不大

近年来，广西进出口贸易总额不断扩大，但是步伐缓慢，到 2019 年进出口总额占 GDP 的比重仅为 22.1%，虽然在西南民族地区仅次于重庆，但是距离 31.6% 的全国平均水平还有很大差距。更重要的是，根据《中国贸易外经统计年鉴（2020）》，按收发货人所在地统计，2019 年广西出口总额为 3774650 万美元，进口总额为 3047514 万美元，贸易顺差为 727136 万美元；但是若按境内目的地、货源地统计，2019 年广西出口总额为 1932309 万美元，进口总额为 4600772 万美元，贸易逆差为 2668463 万美元。这说明经由广西出口的货物接近 50% 货源地不在广西，广西实质上处于大幅度贸易逆差的境地，且逆差额度呈现不断

---

① 王小鲁，樊纲，胡李鹏. 中国分省份市场化指数报告（2018）［M］. 北京：社会科学文献出版社，2019：216.

扩大的趋势。这进一步说明广西服务中南西南地区开放发展的"通道""支点""门户"作用日益凸显，但与此同时，广西自身开放发展的速度和力度都还比较弱，虽然具有明显的区位优势，但没能形成强有力的出口拉动效应。

根据《广西统计年鉴 2020》数据，从结构来看，2019 年外商投资企业进口额占广西全部进口额的 15%、外商投资企业出口额占广西全部出口额的 18%，外商直接投资 110946 万美元，较 2018 年翻了一倍，但是仍然大幅落后于全国平均水平，说明广西招商引资的力度还不够、成长空间还很大。从外商直接投资的来源看，2019 年广西外商直接投资的 61.1% 来自中国香港，中国香港、粤港澳大湾区与广西同属岭南文化圈，经济发展上又属于不同的梯度，空间、环境、产业、科技水平、劳动力资源等多方面可以形成优势互补。因此，广西经济发展和对外开放不能仅关注东盟，要高度重视、积极融入包括中国香港在内的粤港澳大湾区。

三、开放发展的成效较差

开放发展的成效不仅在于数量和速度的增加，更在于质量和效率的提升。根据《广西统计年鉴（2020）》数据，2019 年广西高新技术产品出口总额为 5283374 万元，占全部出口额的 20.3%，高新技术产品进口总额为 4899484 万元，占全部出口额的 23.4%。虽然上述指标近年来均呈不断上涨的态势，但是与全国平均水平相比，仍有较大差距，全国高新技术产品出口总额占比为 29.2%、进口总额占比为 30.7%。在对外投资与经济合作方面，2019 年广西对外承包工程营业额为 68232 万美元，仅占全国总额的 0.39%，在全国 31 个省份（港澳台除外）中排名第 24 位，在西南五省（区、市）中倒数第一。可见广西"走出去"的步子还很小，践行"一带一路"倡议、积极开展国际合作进展还比较迟缓。在人员往来方面，广西依托桂林山水的旅游资源和邻近东盟国家的区位优势，吸引了 623.96 万人次入境过夜游客，居全国第 4 位，仅次于广东、上海和云南；取得国际旅游收入 35.11 亿美元，居全国第 6 位，仅次于广东、上海、北京、云南和江苏。但是入境过夜游客人均日花费 216.35 美元，仅列全国第 14 位[①]，说明广西国际旅游服务的潜力还有待进一步挖掘、品质还有待进一步提升。

四、开放发展的思维待优化

从开放发展的战略思维看，近年来广西以南宁为核心、以北部湾经济区为重点、主要面向东盟的发展战略，虽然取得了一定成效，但是也存在不足之处。从区内来讲，传统强市桂林、柳州游离在北部湾经济区之外，桂林同时也游离在珠江—西江经济带之外，处于政策的边缘地带，各方积极性难以被充分调动，拖累整体经济发展相对缓慢。从区外来看，与西南中南地区的经济联系不够紧密，与粤港澳大湾区的对接不够积极，东盟之外的国际市场开拓不够有力。尤其是向东发展的战略一直不够明确，从某种程度上，东南亚地区特别是与广西临近的越南，经济发展水平、产业结构和资源禀赋与广西有很大的相似性、竞争性，而粤港澳大湾区则在经济发展水平、科技水平、产业结构、资源禀赋等方面与广西有很大的差异性、互补性，对广西吸收资本、引进技术、承接产业、输出绿色生态产品、提升整体经济实力等具有更大的带动作用和辐射作用。然而广西与广东的对接很长一段时间都比较犹豫、迟缓，世纪之初，重点打造西南出海大通道的同时，两广之间的人员往来、经贸往来受制于落后的交通设施，延缓了广西经济发展的步伐。直到贵州加快了融入"珠三角"的步伐，广西才更加积极起来，2014 年 12 月 26 日南广高铁、贵广高铁同日开通，两广的时空距离被大大压缩。同年"珠江—西江经济带"正式上升为国家战略，广西向东发展的思路才更加明确，但在基础设施互联互通等方面仍然存在很多问题。新时代，在

---

① 《中国统计年鉴 2020》。

"双循环"的新发展格局下，广西需要统筹国内国外双向开放，下好"南向、北联、东融、西合"的联动发展大棋，充分调动各方面积极性，将广西的对外开放推向更高水平、更高层次。

第五节　共享发展的最大难点是补齐民生短板

发展的目的是满足人民日益增长的美好生活需要，人民的需要既是发展的目标，也是发展的动力和方向。当前，包括广西在内的我国西南民族地区人民生活整体水平还比较低，城乡发展差距还比较大，高质量的教育、医疗等公共服务还比较稀缺，就业、住房、社会保障、基础设施等方面的短板还比较突出，部分干部的责任担当意识还有待加强，这些构成了共享发展的最大难点。

一、公共服务供给水平偏低

巧妇难为无米之炊，提高公共服务供给水平，必须要靠"撸起袖子加油干"的精神，大力发展实体经济和各项事业，找出差距、确立目标，然后坚定执行。当前，广西公共服务供给的突出短板主要表现在以下几个方面。

一是教育。人民群众渴望高质量的教育服务，但是目前广西高质量的教育服务非常稀缺，且分布不均衡。从高等教育看，广西没有"985"工程高校，"211"高校仅1所，2019年普通高中毕业生32.7万人，广西普通高等学校本科招生人数仅14.3万人[1]，且大多数为1999年之后升本的地方应用型本科院校，办学质量不高，区外高水平大学在广西投放的招生名额有限，因此广西考生的重点高校录取率非常之低，名列

———————————
[1]　《广西统计年鉴2020》。

全国后几位。这种情况难以让 5000 多万广西人民满意。从高中和义务教育阶段来看，广西与先进省份相比无论在教师数量还是教师质量上都有很大的差距，广西初中的师生比几乎是北京的 2 倍，北京、上海、深圳等大城市中学甚至小学教师很多都是重点大学的硕士研究生，这在广西是难以想象的。从广西内部来看，广西的优秀中学主要集中在南宁、桂林、柳州等核心城市，乡镇的生源、师资和教学质量都难以得到保证。即使是在核心城市，优质教学资源也非常稀缺，而且近年来在桂林等城市兴起的民办教育热潮，大大推高了中小学阶段的教育成本，人民群众教育负担很重，甚至苦不堪言。从幼儿园教育来看，主要的矛盾是公办性质的幼儿园太少，民办性质的幼儿园良莠不齐，且普遍收费偏高。补齐这些教育上的短板，是人民群众的诉求，也是今后改革的方向。

二是医疗。近年来随着国家的医疗体制改革，广西的医疗卫生事业也取得了很大的进步，但是看病难看病贵的问题仍然没有得到根本的解决。2019 年广西每万人拥有卫生技术人员 68.8 人[①]、每千人拥有医疗卫生机构床位数 5.59 张[②]，城乡各项指标均低于全国平均水平。医药费用相对于居民可支配收入而言仍然偏高，特别是对于基层群众、弱势群体和农村人口来说，除了看病贵之外，看病远看病难的问题也比较突出。随着人口老龄化的演进，行动不便甚至失能的老年人口日益增多，居家医疗、上门服务的需求越来越旺盛，但是不管是市场机制还是政府作用，目前在广西这种需求基本还没有得到有效回应。

三是就业、养老、基础设施等方面。就业与经济发展密切相关，广西经济发展水平不高、就业岗位数量不多、质量不优，造成了大量人力资源转移，2019 年广西人口净流出 730 多万人。青壮年劳动力的流出，同时会引发很多社会问题，包括子女教育和父母养老。特别是养老的社会服务机构还很不完善，公办性质的养老机构数量很少、门槛很高，民办性质的养老机构费用很高，对于一些存在病患的老人，费用就更高，

[①] 《广西统计年鉴 2020》。
[②] 《中国统计年鉴 2020》。

普通家庭难以承受。基础设施方面，在城镇基本上还是比较完善的，但是在乡村就存在很大的短板了。另外，省际互通互联方面还有很多工作需要去做，特别是人口相对密集、投资效益更高的广东、湖南方向，应该破除各种阻隔、加大统筹力度，促进生产要素自由流动，提高人民群众生产生活的便捷度。

二、人民群众生活水平不高

人民群众生活水平和幸福指数的高低受多种因素的影响，如收入水平、就业质量、健康状况、精神状况、工作压力、生活压力、饮食休闲、文化娱乐等。根据《广西统计年鉴2020》数据，2019 年广西城镇居民人均可支配收入 34745 元，农村居民人均可支配收入 13676 元，城镇居民人均消费支出 21591 元，农村居民人均消费支出 12045 元，各项均低于全国平均水平。从消费支出结构看，无论城乡，主要支出都集中在食品和住房两个方面，其中，食品支出占比大约 30%，住房支出占比大约 20%，合计占比都超过 50%；教育、文化娱乐、医疗保健等方面的支出占比则普遍不高。说明广西居民的生活水平还不算高，消费结构还比较低级，仍然是以满足物质需求为主、精神需求为辅。2019 年广西商品房平均销售单价约为 6505 元每平方米，城镇居民人均可支配收入与商品房平均销售单价的比值为 5.3，即城镇居民人均可支配收入全部用于购房的话每年可以购买 5.3 平方米。如果按照人均可支配收入的 20% 用于购房，不考虑贷款和利息，夫妻两人购买一套 100 平方米的商品房，大概需要 47 年。可见，住房压力较大。除此之外，教育、医疗、养老等方面的压力也不小。寻求以上方面的改善是人民群众的诉求，也是今后改革的方向。

三、责任担当意识须进一步加强

以人民为中心是习近平新时代中国特色社会主义思想最鲜明的特

色，要有责任、有担当，全心全意为人民服务。责任担当意识须进一步加强，要站在发展大局与公平正义的角度创业干事，要辩证地看待发展与生态的问题，仍存在理念滞后、对新时代的发展趋势和民生需求了解不足、思维定式较重、对新问题缺乏前瞻性思考、缺乏创新等方面的问题。加强干部培训和选拔，提高履职能力和责任意识；强化领导干部的理论学习，增强他们的前瞻性和创新能力；加强监督和问责机制，严肃查处腐败问题；建立与民众沟通和参与的机制，增加民意的表达和参与度，营造良好的政治生态和干事创业的氛围。

第七章

我国西南民族地区经济高质量
发展的对策建议及保障措施

——以广西为例

本书旨在以广西为例，依据广西经济高质量发展的现实基础、评价测度结果，特别是制约广西经济高质量发展的薄弱环节和主要瓶颈，提出有针对性、可行性的对策建议和保障措施。

第一节　促进广西创新发展的对策建议及保障措施

党的十九大报告中明确指出："创新是引领发展的第一动力，是建设现代化经济体系的战略支撑。"[①] 萨克斯和华纳（Sachs & Warner，2001）的实证研究表明，如果没有技术创新和制度创新，那么自然资源

———————————

① 习近平谈治国理政．第三卷［M］．北京：外文出版社，2020：24.

的丰裕与经济增长之间呈现负相关关系，即富裕自然资源不仅没有带来增长，反而成为经济发展的"诅咒"。后发地区要实现经济高质量发展，单纯寄希望于发达地区的产业转移是远远不够的，必须牢牢抓住创新这个"牛鼻子"，突破体制机制制约，优化创新环境，加大人力资源的开发力度和研发经费的投入强度，充分调动各类创新主体的积极性，制定并全面落实各类推动创新创业的制度和政策。

一、改善创新发展的外部环境

优化政务服务，提高政府效能，营造高效便民的政务环境，打造公平竞争的市场环境，有利于释放创新创业活力，形成良好的创新创业环境。

（一）简政放权释放创新创业活力

简化企业开办程序，简化项目审批流程。实施"一人通办""审核合一""证照分离"等改革，实行重大项目建设"多评合一"，加强政务数据、社会数据、互联网数据资源利用，推进审查事项、办事流程、数据交换等标准化建设，基本实现 1 个工作日内办结企业开办手续。加快清理废除妨碍统一市场和公平竞争的各种制度障碍。

（二）营造更加高效便民的政务环境

加快建设广西数字政务一体化平台，全面实现政务信息互通共享。深入推进"一事通办"改革，加快不动产登记、投资项目施工许可等审批流程，规范中介企业服务行为，推进商事登记制度改革①，全面提升政府效率和服务企业的效能。降低水、电、气等企业生产经营成本，面向创新创业企业，推行用地弹性供应方式。降低物流成本，优化安全

_____

① 统一的商事登记制度不仅要求各种商事主体的登记统一立法，而且要求实行统一的登记程序和基本等同的登记事项。不同的商事主体之成立可以有不同的条件，但其登记程序和登记事项应当基本统一。

质量和生产许可管理，完善新形势下就业用工和社会保险制度。

（三）营造公平竞争的市场环境

贯彻落实《国务院关于在市场体系建设中建立公平竞争审查制度的意见》，结合广西优化营商环境行动实施方案，在产业发展、招商引资、政府采购、资质标准、经营行为规范等领域，做到政策公平、鼓励竞争，对所有市场主体一律平等。对自然垄断行业，要进一步破除准入限制。对数字经济、互联网平台企业垄断行为，要加强防范与监管。放管结合，加强社会信用体系建设。以信息技术为基础，加快构建智能化监督管理服务平台和数字化市场监管体系。

在公平竞争的基础上进行政策的制定和考量，破除隐形的准入门槛、破除地方保护主义，扫除外地企业以及外地的产品和服务进入广西市场的政策性障碍。在水、电、气等自然垄断行业引入非国有战略投资者，完善治理体系，增加供应主体；在金融、教育、医疗等服务业领域，加强消费者权益保护和风险防范的同时，加大市场开放的力度。全面推行市场准入负面清单制度，清单以外的行业领域让各类市场主体自主进入、公平竞争。

加强产权保护的执法力度，让市场在资源配置中起决定性作用。完善政府治理体系，提高政府治理能力，结合国家相关法律，出台进一步细化的产权保护政策措施，依法保护企业法人财产权。在推动生态环保治理、化解落后产能等过程中，公平对待各种所有制企业，保护企业合法权益。

二、加大人力资源的开发力度

（一）支持科研人员投身科技创业

对科教类事业单位进行差异化分类指导，支持高校、科研院所科研技术人员离岗创业，制定广西创新型岗位管理办法，完善创新型岗位人员激励机制。细化科研人员评价机制，将创新创业情况纳入工作业绩考核，并作为科研人员职称评审、岗位竞聘、绩效考核等的重要依据。创新人才引进政策，提高科研人员待遇，为科研人员创新创业提供广阔发展空间。健全科技成果转化机制，通过科技成果信息共享平台，将科技成果与市场紧密对接，确保科技人员共享科技成果的转化收益。依托中国—东盟技术转移中心，加强与东盟国家的技术创新合作。

（二）提升存量人力资源的素质和技能

存量人力资源是广西推动经济高质量发展的重要力量，要千方百计提升这些存量人力资源的素质和技能，特别是针对进城务工人员、农民工、工厂企业一线员工和大学生。

对于进城务工人员、农民工、工厂企业一线员工，他们已经具备了一定的知识储备、技术储备和工作经验，只要接受专门的培训，掌握并提高专业技能，就有机会成为就业稳定、收入稳定、富有创造力的群体。这部分人在城市落地生根，则会进一步推动广西城镇化进程、扩大中等收入群体、刺激消费和社会需求。因此，政府层面要给予重视和政策支持。一是为各类务工人员提供多层次的技能培训，划拨专门经费进行补助奖励并推荐就业。二是将技能培训、技能竞赛和技术晋级、荣誉奖励结合起来，从制度层面搭建蓝领工人的职业晋升路径，培育工匠精神，形成"技工强桂"的良好氛围，进而打造一支高素质的工匠队伍。

对于大学生，这是一个富有朝气和潜能无限的高素质群体。虽然我国高等教育已经由精英化转向了大众化阶段，但广西的高等教育相对落后，高等教育毛入学率仍然偏低，大学生仍然是广西人力资源中的宝贵财富。提升大学生的创新创业素质，对其自身和经济社会发展都有重要意义。应该鼓励高校加强对大学生创新创业的指导，把双创实践融入课程体系中，完善弹性学制，放宽创业学生修业年限。鼓励校企合作、产教融合，积极探索"学生＋教师＋企业"的复合型创新创业模式，提高大学生创业的成功率。同时，要注重吸收全国甚至全世界的大学生来桂就业，大学生是富有创造力的年轻群体，意味着未来和活力，而且每个大学生背后都有一个家庭的支撑，大学生的就业既能带动生产和供给，又能刺激消费和需求，这也是各地出现"抢人大战"的重要原因。

（三）提升高等教育的质与量

一是扩大高等教育招生规模，提升高等教育毛入学率。支持贵港、防城港等高等教育资源薄弱的城市，整合资源，筹建、创建高等学校。支持南宁、桂林等高等教育基础条件较好的城市，谋划建设国内一流的综合性大学。在专业设置方面，要为地方经济社会发展服务，加强新工科专业建设。

二是鼓励民办高校服务地方经济，办出特色。积极引入国内外知名教育集团，建设一批高水平民办高校，争取取得引领性突破，以弥补广西高等教育资源不足的劣势。但要注意监管，保护好人民群众的根本利益，不能简单地放任市场调节，还要发挥好政府作用。

三是加快发展现代职业教育，培养高素质技能人才。鼓励高职院校、地方应用型普通高校建设职业教育创新发展试验区，提高学生职业素质培养能力，解决经济社会发展需求与人才培养结构不匹配的矛盾。

四是吸引知名高校甚至世界名校来桂办学、合作办学、建立研究中心、创新平台等，推动广西高等教育跨越式发展。桂林、南宁、北海等城市生态环境优美、旅游资源丰富、高等教育资源相对集中，可以做好规划，给予优惠条件和政策支持，甚至可以按照世界名校的要求帮助其建立起校园、研究中心的基本硬件设施。将其引进来，一方面可以搭建更高维度的教育和创新平台、吸引人才、提高科技创新和研发能力，另一方面可以辐射、带动广西本地高校办学水平的提高，为广西生源提供更多更优质的高等教育资源。长远来看，高校虽然作为非物质生产部门，但是对物质生产的推动作用巨大，美国的硅谷就是很好的证明。中国高等教育发达的地区，如北京、上海、南京、武汉、天津、广州、西安等地，也是中国最具创新活力的地区。此外，中国科学技术大学对于合肥甚至整个安徽省社会发展的重要贡献也是有目共睹的。近年来，深圳市不断吸引国内外知名高校大概也是基于类似的考量。事实上，经济社会的高质量，归根结底要靠人的高质量；人的高质量，归根结底要靠教育的高质量。

（四）将高中阶段纳入义务教育，推动城乡教育资源和机会均等

将高中阶段（包括普通高中和职业高中等）纳入义务教育，扩大高中招生数量。结合社会经济发展需要、人民群众意愿以及教育资源布局结构，完善普通高中、职业高中、中等专业学校、中级技工学校、中等师范学校等招生比例。

义务教育阶段，广西城乡之间、城市不同区域之间教育资源不平衡的问题十分突出，其核心问题是优质教育资源的稀缺。破解这一难题，一是要深入实施义务教育均衡工程，在教育经费、教师配备、职称评审等方面加大对乡村教育的支持和倾斜。二是要做到教育公平，在一定学区范围内、包括在城乡之间均衡优质教育资源，统一进行师资调配、教学管理、教学研究、学校招生、质量评价等。

三、加大 R&D 经费的投入强度

（一）财政资金撬动社会资本、多元共建创新资金来源

突破财政投入、金融支撑、创新激励等方面的制约，引导更多社会资本和力量投资创新创业。财政投入方面，优化财政资金投入方式，优先投向战略性新兴产业的重大工程、重大专项和重大基地建设，加大对

创新企业、创新平台、创新机构、创新人才、创新成果的激励。设立广西战略性新兴产业投资基金、担保基金，解决初创期中小科技公司融资难的问题。出台优惠政策，吸引国内外著名天使投资公司入驻广西，支持广西创新创业项目。完善信用信息登记制度，对政府出资产业投资基金的绩效进行评价，优化内部运行和管理制度，建立动态的投资和退出机制，鼓励和帮扶有条件的科技型公司上市融资。

（二）发挥国有及国有控股企业创新引领的主力军作用

一方面，2019 年，在广西高新技术产业中，国有及国有控股企业虽然数量仅占 5%，营业收入仅占 6%，但是 R&D 人员占比达到了 14%，技术改造经费支出占比达到了 10%，R&D 经费内部支出占比达到了 14%，R&D 经费外部支出占比达到了 18%，有效发明专利数占比达到了 14%，新产品销售收入占比达到了 22%，利润总额占比达到了 11%[①]。说明广西国有及国有控股的高新技术企业整体经营效益较好，对创新的重视程度较高，较好发挥了引领和带动作用。

另一方面，2019 年，在广西规模以上工业企业中，国有控股企业就业人数占 25%、总资产占 48%、净资产占 45%、营业收入占 41%、研发人员占 64%、研发经费支出占 54%[②]，可以说是广西工业企业的中坚力量，特别是 R&D 经费投入和技术攻关的主力军。但是相对于其资产份额和研发经费投入份额，国有控股企业利润总额占比并不高，整体经营效益一般。甚至在各种注册类型的企业中，亏损面最高，2018 年广西重工业国有控股企业亏损面达到了 24.7%，轻工业国有控股企业亏损面更是高达 37.5%。要想真正发挥创新引领作用，国有及国有控股工业企业还需要提高投资效率、改善经营业绩。同时要注意将研发经费更多地投向高新技术产业、战略性新兴产业。

---

① 《中国高技术产业统计年鉴 2020》。
② 《广西统计年鉴 2020》。

四、发挥创新主体的支撑作用

（一）大力支持企业创新发展

实施"瞪羚企业"① "高新企业"培育计划，遴选一批"瞪羚企业""高新企业"，争取培育更多具有自主知识产权和核心竞争力的创新型企业，突破广西创新型企业少这个瓶颈。一方面要培育本土龙头企业，另一方面要放宽视野、放低身段、出台优惠政策，吸引国内外知名科技公司入驻广西。发挥政府与行业协会的作用，将龙头企业与中小企业联合起来，完善产业配套、打造产业集群；将企业与科研机构、高等院校联合起来，组建科技联盟，开展科技联合攻关，提升自主创新能力。发挥大中型国有企业"创新驱动发展排头兵"的作用，加大科技创新投入，建议将国有企业科技创新投入和科技成果转化情况列为考核指标。支持中小企业在细分行业做精、做专、做新、做特，围绕产业链的短板提供协作配套服务，壮大制造业创新集群。在创新创业政策制定的过程中要倾听企业家声音、邀请企业家参与。

（二）推动产学研深度融合、打造"飞地型"科创中心

鼓励企业和科研院所共建共享创新创业资源平台，如企业的技术研发中心与高校的国家级实验室双向开放。鼓励科研人员积极探索科技成果转化，鼓励企业在自主创新的同时关注技术市场的最新成果，鼓励产学互动、深度融合。支持校企合作科技联盟共建共享科技成果，在基础研究成果转化方面，搭建概念验证、孵化育成相关的服务平台，围绕细分行业构建功能齐全化的众创空间。支持本地高校和科研机构与重点

---

① "瞪羚企业"是指创业后跨过死亡谷以科技创新或商业模式创新为支撑进入高成长期的中小企业。认定范围主要是产业领域符合国家和省战略性新兴产业发展方向，涵盖新兴工业、新一代信息技术、生物健康、人工智能、金融科技、节能环保、消费升级等领域。

行业龙头企业联合建立研发机构、重点实验室，共同开展技术攻关。

广西高等教育资源有限、科研机构实力不强，吸引高端人才、打造顶级团队的难度很大。解此困境，一方面要大力引入国内外一流的大学、科研院所，为他们提供研发、办学的优惠条件，搭建起人才、技术、产品、资本、市场等信息交流平台、交易平台，形成具有国际竞争力的研学创新联盟。另一方面，要鼓励广西企业、科研院所在人才聚集的科技创新高地设立技术研发中心，如在北京、上海、深圳、广州等地设立为广西产业和经济发展服务的"飞地型"研发中心、技术攻关基地，就可以充分利用国内外一流人才、技术和资源，较好解决广西高端人才不足的问题。

（三）提升创新创业平台服务水平

依托优势行业龙头企业，联合高等院校、科研机构，加快建设产业联盟和创新研究院，紧紧围绕产业链部署创新链，围绕新一代信息技术、高端装备制造、汽车、机械、冶金等广西重点发展的产业和领域，规划建设一批重大技术装备研发创新平台、国家地方联合工程实验室、行业检测认证中心、关键共性技术研发平台、省部级以上重点实验室等重大创新平台。设立产业基金，支持科技企业孵化器、众创空间、工匠工作室建设。支持国有企业设立创新创业平台，并实现创新研发资源共享化，以带动中小企业创新发展。

五、落实推动创新的制度政策

（一）人才政策

实施人才强桂战略，加大人才引进力度，放开户籍等方面的限制，降低人才引进的门槛，提高人才引进的待遇。健全留学回国和外籍人才服务机制，在签证、出入境、工作许可、社会保险、落户、子女入学等方面加大支持力度。落实港澳台同胞创新创业优惠政策，吸引港澳台青年来桂创业。培养和建设企业家队伍，重视企业家精神培养，打造优良的创新人才发展环境，实施"百千万人才计划""八桂人才计划"，大力培养和引进一流创新团队、创新领军人才、创新型人才。

（二）财税政策

近年来，为了鼓励科技创新，激励企业加大研发投入，国家出台了很多税收优惠政策，如：高新技术企业减按 15% 税率征收企业所得税，制造企业研发费用税前加计扣除比例提高到 100%，对个人转让新三板挂牌公司非原始股取得的收益，免征个人所得税，等等。一方面，对于国家层面的税收优惠政策，要大力宣传，简化税收征管的程序，扫除享受税收优惠政策的障碍，做好税务服务。鼓励甚至帮助企业达成税收优惠的条件，如帮助一些不满足高新技术企业认定条件的企业，找出短板、指出路径、攻坚克难，使之满足条件。另一方面，对于广西层面有一定自主权的地方税收政策，要尽量宽松，特别是向小微企业、创新创业企业倾斜。

（三）金融政策

落实深化小微企业金融服务的有关政策措施，推动北部湾银行、桂林银行、柳州银行等自治区所属银行业机构面向小微企业、双创企业做好金融服务。完善政府性融资担保体系，创新金融担保服务模式。金融机构要提高服务创新创业的战略意识，为广西的战略性新兴产业、创新创业企业开发差异化的金融产品和服务。

（四）成果转化政策

强化以创新成果为导向的政策激励，加大对发明专利、科技成果转化和产业化的支持力度。支持广西 14 个地级市全部创建知识产权示范试点城市，推动自治区级以上高新区都建设 2 个以上知识产权转化基地、1个以上科技企业孵化器。完善体制机制，使科技成果与市场无缝对接，提高科技成果转化的效率和质量。确保科研人员在科技成果转化中的权利和收益。瞄准国际技术市场，特别是中国—东盟技术转移中心，加强面向东盟的国际技术创新与合作。

第二节　促进广西协调发展的对策建议及保障措施

习近平总书记强调："协调既是发展手段又是发展目标，同时还是评价发展的标准和尺度，是发展两点论和重点论的统一，是发展平衡和不平衡的统一，是发展短板和潜力的统一。"① "要采取有力措施促进区域协调发展、城乡协调发展，加快欠发达地区发展，积极推进城乡发展一体化和城乡基本公共服务均等化。"② 近年来，在党中央的坚强领导下，广西在推进城乡协调发展方面，特别是脱贫攻坚方面取得了重大成果，但是广西在全国区域经济发展的版图中还处于弱势和短板，广西城乡融合发展的水平还不高，经济结构产业结构还不协调，需要针对薄弱环节和主要瓶颈采取有效的应对措施。

一、促进广西城乡高质量融合发展

习近平总书记指出，提高城乡发展一体化水平，要把解放和发展农村社会生产力、改善和提高广大农民群众生活水平作为根本的政策取向，加快形成以工促农、以城带乡、工农互惠、城乡一体的工农城乡关系③。城乡融合是具有鲜明中国特色的城乡发展新路子，是我国

---

① 习近平总书记谈协调 [N].人民日报，2016 - 03 - 03（11）.
② 习近平关于社会主义生态文明建设论述摘编 [M].北京：中央文献出版社，2017：27.
③ 习近平.在省部级主要领导干部学习贯彻党的十八届五中全会精神专题研讨班上的讲话 [M].北京：人民出版社，2016：16.

社会结构性变迁的重要组成部分。党的十九大明确提出"建立健全城乡融合发展体制机制和政策体系"[①]。广西在推动城乡融合发展方面取得了一些成绩、积累了一些经验，但是城乡间生产要素配置仍然很不均衡、城乡间基本公共服务均等化的差距仍然很大。为此，要促进要素在城乡之间自由流动，推行普惠金融、绿色金融，推进城乡基本公共服务均等化。

广西城乡发展的差异主要体现在农村发展不充分、基础条件落后、资金保障欠佳。要着力解决城乡二元结构问题，破除体制机制障碍，促进人才、资金、技术等生产要素在城乡之间自由流动。要加快实施乡村振兴战略，通过新型城镇化建设、特色小镇建设积极探索城乡融合的新模式。要加强乡村基础设施建设，健全覆盖城乡的公共就业服务体系，开展职业技能培训，促进农民工多渠道转移就业。要加大财政资金对乡村建设和发展的支持力度，围绕产业发展、生产力布局等筹划乡村振兴的重大工程和项目，引领金融资金、社会资金、自筹资金等投入城乡融合发展的重点领域。要加快建立健全新型农业经营体系，完善土地经营权和宅基地使用权流转机制，建立健全巩固拓展脱贫攻坚成果同乡村振兴有效衔接的相关机制。合理配置城乡基本公共服务资源，促进教育、医疗、就业、社会保障等基本公共服务均等化。此外，还要重视对城镇低收入者等弱势群体的救助和帮扶，在分配政策上向劳动者，特别是一线劳动者倾斜。

二、推动广西区域高质量平衡发展

广西区域高质量平衡发展要实施"龙头引领、双核驱动、三区统筹"的整体发展战略，形成多区域统筹联动发展的新格局，同时要以主体功能区规划为依据，做好战略统筹与规划。

---

① 习近平谈治国理政．第三卷［M］．北京：外文出版社，2020：257．

（一）发展战略：龙头引领、双核驱动、三区统筹

广西应以国家区域发展战略及其对广西的定位为指导，结合自身实际制定区域发展政策，扎实推进西部大开发战略，促进边疆地区社会经济稳步发展。广西的区域发展政策契合国家中长期发展战略要求，不断践行党中央的发展路线。从时间发展轴线分析，相继制定了《北部湾经济区发展规划》《珠江—西江经济带发展规划》《左右江革命老区振兴规划（2015—2025 年）》、关于实施强首府战略的若干意见等有利于广西区域经济社会发展的战略规划，创造了有利的发展条件，提高了广西各区域发展水平。当前，广西的区域整体发展战略，概括起来就是"龙头引领、双核驱动、三区统筹"。

"龙头引领"是指以南宁为龙头，实施强首府战略。凝聚全区上下合力，共同推动首府南宁加速发展，提高首位度，引领带动全区高质量发展。通过"强经济、强产业，聚要素、拓空间、优环境、增活力"等手段，推动南宁产业结构持续优化，工业支撑作用凸显，创新要素加快集聚，对外开放合作水平大幅提升，使之成为"面向东盟开放合作的区域性国际大都市""'一带一路'有机衔接的重要门户枢纽城市""北部湾城市群与粤港澳大湾区融合发展的核心城市""具有浓郁壮乡特色和亚热带风情的生态宜居城市"。

"双核驱动"是指以北部湾经济区和珠江—西江经济带（广西 7市）为区域经济发展的重点，在交通、产业、生态、城镇化、开放合作、公共服务等领域破除瓶颈、精准发力，倾力打造两大核心增长极，使之成为广西开放程度最高、带动能力最强的开放合作核心区。其中，北部湾经济区主要以东盟为面向，突出海洋经济；珠江—西江经济带（广西 7 市）主要以粤港澳大湾区为面向，突出产业承接、产业集聚、产业创新、产业升级。共同强调生态环境的保护和绿色发展理念。

"三区统筹"是指在"龙头引领""双核驱动"下，积极统筹推进沿海、沿江、沿边地区协调发展。沿海地区以北部湾经济区为重点，沿

江地区以珠江—西江经济带和"桂林国际旅游胜地"为重点，沿边地区以左右江革命老区和沿边经济带为重点，统筹推进"江海边"特色发展、差异化发展、协调发展。

（二）发展规划：以主体功能区为依据做好战略统筹

推进形成主体功能区是为了落实好"龙头引领、双核驱动、三区统筹"的全区整体发展战略，深化细化区域政策。主体功能区是国土空间开发保护的基础制度，有利于促进人口、经济和资源环境均衡布局。

1. 重点开发区域

重点开发区域是指有一定经济基础、资源环境承载能力较强、发展潜力较大、集聚人口和经济条件较好，应当重点进行工业化城镇化开发的城市化地区。广西的重点开发区域主要包括以城市化为基础的"四群四带"。"四群四带"分别是指以南宁、北海、钦州、防城港四市城区为主体的北部湾城市群，以柳州、来宾、贵港三市城区为主体的桂中城镇群，以桂林城区为主体的桂北城镇群，以梧州、玉林两市城区为主体的桂东南城镇群，以百色城区为主体的右江河谷走廊、以河池城区为主体的黔桂走廊、以崇左城区为主体的桂西南城镇带和以贺州城区为主体的桂东北城镇带。重点开发区域的战略目标是提升经济综合实力和产业竞争力，引领科技创新，推动经济高质量发展，集聚人口和经济，成为全区乃至全国经济发展的重要增长极。

2. 农产品主产区

农产品主产区是指耕地面积较多、发展农业条件较好，尽管也适宜工业化城镇化开发，但从保障国家农产品安全以及中华民族永续发展的需要出发，须把农业综合生产能力作为发展的首要任务，应当限制进行大规模高强度工业化城镇化开发的地区。广西的农产品主产区主要包括桂北、桂中、桂西、桂东南和沿海五大主产区，其中，桂北主产区的主要农产品包括优质水稻、柑橘、生猪、肉牛、肉羊、肉鸡、奶牛、油茶等；桂中主产区的主要农产品包括优质水稻、糖料蔗、柑橘、桑蚕、木薯、生猪、肉牛、肉羊、肉鸡、奶牛等；桂西主产区的主要农产区包括糖料蔗、荔枝龙眼、木薯、肉牛、肉羊、油茶等；桂东南主产区的主要农产品包括优质水稻、糖料蔗、荔枝龙眼、桑蚕、木薯、生猪、肉鸡、速生丰产用材林等；沿海主产区的主要农产品包括优质水稻、糖料蔗、香蕉、荔枝龙眼、木薯、海洋水产品等。农产品主产区的战略目标是打造商品粮生产基地，保障农产品供给安全，发展现代农业和建设社会主义新农村。

3. 重点生态功能区

重点生态功能区是指生态系统脆弱、生态重要，资源环境承载能力低，不具备大规模高强度工业化城镇化开发的条件，须把增强生态产品生产能力作为首要任务，应当限制进行大规模高强度工业化城镇化开发的地区。广西的重点生态功能区主要包括"两屏四区一走廊"，两屏是指桂西生态屏障、北部湾沿海生态屏障；四区是指桂东北生态功能区、桂西南生态功能区、桂中生态功能区、十万大山生态保护区；一走廊，即西江千里绿色走廊。重点生态功能区的战略目标是提供生态产品、保护环境、保障国家和地方生态安全，建设人与自然和谐相处的示范区。

4. 禁止开发区域

禁止开发区域是指需要在国土空间开发中禁止进行工业化城镇化开发的区域，比如有代表性的自然生态系统所在地、珍稀濒危野生动植物种的集中分布地、有特殊价值的自然遗迹所在地和文化遗址等，主要包括县级以上的自然保护区、风景名胜区、森林公园、地质公园和重要水源地等。广西的禁止开发区域点状分布于重点开发区域和限制开发区域中，著名的桂林漓江风景名胜区便在其中。设立禁止开发区域的目的是保护自然文化资源，保护珍稀动植物基因资源，保护区域生态环境。

三、引领广西产业高质量协调发展

广西国民经济重大比例关系欠合理，主要表现在两大部类结构不合理、三次产业结构不合理、工业各细分行业之间发展不均衡、实体经济与虚拟经济比例不协调、以外延式扩大再生产为主、内涵式扩大再生产不足。因此，对症下药，一是要做大做强工业，特别是制造业，提高其在国民经济中的比重；二是要促进传统产业转型升级、培育壮大战略性新兴产业；三是要提高农业的生产效率，借助农业科技、产业化、市场化和电商物流等，促进农业向现代化转型。四是持续优化营商环境，推动现代服务业高质量发展。五是抑制房价过快增长，促进房地产市场平稳健康发展。

（一）拓展传统产业转型升级新空间

广西的传统产业主要集中在资源型产业和劳动密集型产业。资源型产业如黑色金属冶炼及压延加工业，有色金属矿采选业，非金属矿采选业，制糖业，水力发电业等；劳动密集型产业如纺织服装、服饰业，化学纤维制造业，水泥制造业，家具制造业等。这些行业具有能耗高、排放大、附加值低的特点，因此，一方面应以生态保护刚性要求、公平竞争的市场机制倒逼"小散乱"产能退出，另一方面要积极打造龙头企业，发挥技术优势和规模优势，向产业链上下游延伸，通过兼并重组、跨区域、跨领域合作等方式，补齐产业链条、完善产业配套，打造产业集群，从而提升产业竞争力，促进传统产业向数字化转型。

需要注意的是，广西工业基础薄弱，虽然当前资源密集型、劳动密集型产业的发展质量不高，但这是广西工业家底的重要组成部分，不能歧视、遏制，更不能简单关停打压，而是要依托资源优势、比较优势，走规模化、集约化、品牌化的发展道路。以资源密集型产业为例，广西铝、锰、锡、锑、重晶石等矿产资源储量丰富，要努力将资源优势打造为产业优势，以百色平果铝业为代表，要积极探索资源产业深加工、精细化、品牌化的发展道路，引进国内外战略投资者、财务投资者，以资源换资本、技术、管理、品牌和渠道等，实现多元共治、互惠互赢，促进企业的跨越式发展。劳动密集型产业也不能忽视，从某种意义上说，大力发展劳动密集型产业更契合广西当前的实际。一方面，广西劳动力资源丰富，同时伴随劳动力资源大量流失、剩余劳动力过度集中在第一产业；另一方面，广西金融资本紧缺、人才储备不足，高新技术产业、战略性新兴产业只能点状突破，很难全面推进，短期内难以形成规模。因此，发展资本密集型、技术密集型产业只能循序渐进、不能一蹴而就。发展劳动密集型产业正好可以突出广西人力资源的比较优势，将农村农业的剩余劳动力向第二、第三产业转移，充分发挥广西的人口红利，从而激发广西经济的规模和活力。此外，拓展传统产业转型升级新空间的路径有两条，一是数字化、集约化，完善产业配套、打造产业集群、向产业链两端延伸、向价值链高端攀升，从而形成产业核心竞争力。二是通过区域内的产业转移促进边远落后地区经济社会发展，将劳动密集型产业转型升级、传统手工业发展等，与巩固拓展脱贫攻坚成果同乡村振兴有效衔接结合在一起。如梧州的人工宝石产业、桂林的竹藤制品产业以及作为非物质文化遗产的壮锦产业等，都可以作为乡村振兴的项目加以推广。

（二）培育新兴产业壮大发展新动能

后发地区基于比较优势承接产业转移基本上属于"跟随者"路径，虽然也能实现经济增长和资本积累，但是容易陷入"价值链低端锁定"，很难走出"赶超者"路径。因此，欠发达地区要想实现经济赶超，必须从价值链高端入手，选择"比较劣势"并不十分明显的"新技术"或"短周期技术"行业。广西结合自身实际，经过多方论证，确定了节能环保、先进装备制造、新材料、新能源、生物医药、养生长寿健康、海洋、新能源汽车、新一代信息技术、生物农业等十大战略性新兴产业，以下是典型产业的发展思路。

广西先进制造业的规模较小、内生动力不足，立足现实基础，确立了新能源汽车、智能工程机械、海工装备三个重点攻关和突破的领域。新能源汽车是国际汽车产业发展的大趋势，也是我国汽车产业发展的国家战略，产业空间巨大。广西依托柳州汽车工业发展新能源汽车产业，需要在打造研发平台、加强技术支撑、做强优势产业链等方面精准发力。围绕汽车曲轴及离合器、特种轮胎、重型车辆零部件等领域打造一批国家级工程研究中心和创新平台；围绕整车控制系统、变速器、发动机、锂离子电池、轮胎、质检等产业细分领域，自主或联合开展技术攻关；以上汽通用五菱、东风柳州汽车、广西玲珑轮胎、钦州保税港新能源汽车相关企业为龙头，围绕细分领域的产业优势，推进新能源汽车的重大项目建设。智能工程机械领域主要是依托柳工集团、玉柴集团等行业龙头，重点发展智能装载机、智能农业机械、远程特种服务型挖掘机等产品。海工装备工业主要是依托北部湾港口和西江航运，发展修造船、海洋平台起重机、船用甲板机械设备、智能化特种船舶制造等产业，并在船舶推进形式、动力系统、智能辅助驾驶系统等方面取得技术突破。

发展壮大广西新一代信息技术，一是要面向东盟，在国家支持下加快实施北斗产业布局，建设定位导航系统、智能应用平台，依托桂林电子科技大学等科研院所开发智能化、小型化的北斗导航产品，打造北斗产业聚集区。二是以承接产业转移为契机，努力将电子信息产业打造为广西的支柱产业。坚持培育本土龙头企业与引进国内外知名企业并举，依托富士康南宁科技园、桂林华为信息生态产业园打造一批重大项目，推动高端电子产品研发。广西发展新材料产业，一是要依托产地优势，大力发展稀土新材料、有色金属新材料；二是要推动石墨烯材料应用和终端产品创新。

总之，当前广西战略性新兴产业的发展方向和目标已经比较明确，规划和政策体系也已初步建立，形成了"一极两带两组团"的总体布局①。在此基础上，还需要整合区内外优质创新资源，建立服务广西新兴产业的"飞地型"科技研发中心，着力突破一批关键共性技术。通

---

① "一极两带两组团"，即规划建设南宁新兴产业核心增长极、桂柳南北新兴产业创新带、沿海沿边特色新兴产业发展带、桂东承接新兴产业转移组团、河池—来宾大健康新材料组团。

过柔性引进构建开放式的区域创新体系，弥补本地科技创新资源不足的问题。依托中国—东盟合作平台，不断提高新兴产业国际化水平。

（三）依托资源禀赋大力发展优势特色现代农业

促进广西农业现代化，一是要转变农业发展方式、要素投入方式、产业组织方式，将先进科技与农业全产业链结合起来，从育种、耕种、收获、存储、加工、包装、流通、销售、品牌建设等全产业链入手，提高产品附加值。二是要依托资源禀赋，突出优势特色，以特色水果、地理标志产品、富硒产品为抓手，提升品种档次、提高品牌形象和产品品质。如桂北的柑橘、罗汉果，桂中的甘蔗、桑蚕，桂西的芒果、荔枝、龙眼，桂东南的林产、茶叶，桂南的香蕉、珍珠、海产品等。三是要建立农业大数据平台，对农业生产者进行电子商务技术的培训和网络平台的帮扶，鼓励其利用互联网技术拓宽农产品营销渠道、提升农产品附加值。四是要跳出农业看农业，将农业产生、工业加工、商业流通结合起来，将农业发展与乡村旅游、乡村振兴、新型城镇化建设乃至数字经济发展结合起来，形成第一、二、三产业融合发展的新局面。

在新时代数字经济大发展的背景下，振兴乡村经济、发展新型农业必须充分利用数字化手段，促进新型农业经营主体与互联网产业深度融合，充分利用现代信息网络技术手段整合农业资源、深化农业供给侧结构性改革。首先，利用众筹等互联网模式提升新型农业经营主体规模化经营水平，通过土地经营权参股、生产物资参股、知识产权参股、自由资金参股等多种形式推进农业规模化、标准化运营，建设农业产业园、科技园，完善利益分享机制，推广"保底收益＋按股分红"，逐步形成具有广西特色的农业结构；其次，建立广西农业平台，推进新型农业主体多样化，依托特色农业平台广泛吸引包括个体户、家庭农场、企业等多模式主体参与，紧抓市场需求，并通过特色农业平台加快广西特色农产品的营销；最后，鼓励农民以土地、林权、资金、劳动、技术、产品为纽带，积极发展生产、供销、信用"三位一体"综合合作社，提高新型农业主体之间的合作与协调。

（四）推动服务业扩量提质发展

广西服务业发展质量不高，生产性服务业发展滞后，生活性服务业层次较低，需要对标高质量发展的要求，推动服务业扩量提质发展。围绕金融服务、科技服务、大数据信息服务等生产性服务业，积极培育和引入相关主体，建设一批生产性服务业聚集区。目前广西数字经济发展基础较薄弱，发展数字经济的先天优势匮乏，但是这并不代表广西不具备发展数字经济的潜力，贵州在传统实体经济向数字经济转型方面，特别是大数据产业方面的成功经验表明，相对落后的地区仍然能够快速发展数字经济。广西应当积极探索数字经济产业发展的实现路径，建立数字经济产业试验区，集中人力、物力、财力和科技资源，围绕机械制造、文化旅游、健康养生、休闲娱乐等领域优先发展数字产业。广西有5000多万人口，围绕人民日益增长的美好生活需要，在吃、住、行、游、购、娱方面不断提高产品和服务的供给质量，能够刺激消费、扩大内需，促进国内、区内经济大循环，进而提高微观经济主体的活力。这有利于吸纳更多的就业，有利于人民生活水平和收入水平的提高，有利于推动生活性服务业升级。此外，实施品牌塑造工程，健全品牌管理体系，加强创新监管，放开服务业准入门槛，优化服务业营商环境，也是做大做强服务业的关键举措。

（五）促进房地产市场平稳健康发展

广西房地产业整体发展比较平稳、健康有序，具体区域应该结合自身实际，制定房地产行业发展策略，因城施策。对于房价比较平稳的中小城市，应以满足人民群众日益提高的住房需要为宗旨，做好规划、积极引导、良性发展。一方面，发挥房地产业关联带动性强的优势，培育建材、建筑、家电、装饰、商业配套、生活服务等相关产业，集聚人口和资源，推动新型城镇化建设。另一方面，不能盲目扩张、过度开发，要与当地经济发展水平和居民收入水平相适应，与历史文化、民俗民风、景观特色和发展规划相适应。对于南宁等大中城市，则要全面评估房价上升过快对经济社会的影响，不能将房地产业作为主导产业和支柱产业，不能让房地产业挤占大量的金融资本和居民财富，要把有限的资源尽可能地用到科研、教育、人才和战略性新兴产业上去。房价过高会导致居民负债增多，抑制中等收入群体的消费需求，对中低收入者产生挤出效应，不利于人才流入和社会阶层流动。因此，必须坚持"房住不炒"的定位，加强监管，加大公租房、共有产权房建设，优化保障性住房的配套政策，让房地产回归实体经济的自然属性。

四、警惕和防范三大领域的风险

一是防范金融"脱实向虚"的风险。当前广西存在大量民间资金、银行资金和国有企业资金脱离实体经济，流入金融业和房地产市场的现象，资金逐利性凸显。要加强监管，通过政策引导，将金融支持实体经济的国家政策落到实处。二是防范民间借贷风险。当前广西部分地区民间借贷活跃，许诺高息借贷，大量吸收公众投资，已经出现多起"传销式"金融、庞氏骗局金融等卷款逃逸现象，点状金融风险暴露。必须强化各级金融监管机构力量，开展联合执法活动，打击和曝光一批违法分子，要严厉问责，形成高压警示态势。三是防范地方政府债务风险。当前广西部分市县政府性债务增多，财政自给能力低下，债务偿还能力较弱。要加强政府性债务管理，建立定期风险评估、预警制度，实现风险总体可控。

第三节 促进广西绿色发展的
对策建议及保障措施

习近平总书记高度重视生态环境，提出了著名的"两山"理论，早在 2013 年习近平总书记就指出，建设生态文明，关系人民福祉，关乎民族未来。要正确处理好经济发展同生态环境保护的关系，牢固树立保护生态环境就是保护生产力、改善生态环境就是发展生产力的理念①。2015 年 1 月，习近平总书记在云南考察工作时进一步指出，经济要发展，但不能以破坏生态环境为代价。要把生态环境保护放在更加突出位置，"像保护眼睛一样保护生态环境，像对待生命一样对待生态环境"②。广西绿色发展的基础较好，一方面要守住生态环境的底线，打造生态经济绿色发展的新高地；另一方面要处理好经济发展与环境保护的关系，妥善应对污染物排放高峰期的挑战。

一、打造生态经济绿色发展新高地

生态产品是指维系生态安全、保障生态调节功能、提供良好人居环境的自然要素，包括清新空气、清洁水源、舒适环境、宜人气候等，与农产品、工业品和服务产品一样都是人类发展所必需的产品。提供生态产品也是创造价值的过程，保护生态环境、提供生态产品的活动也是发展。

广西在经济发展的过程中，要注意依据资源环境承载能力进行适度开发，控制开发强度。根据不同区域的主体功能区定位进行统筹规划，科学界定合理的人口和经济规模，合理确定工矿开发、城镇建设、交通水利等生产力布局空间结构。广西山多地少，有"八山一水一分田"的说法，山地不适宜进行大面积开发，容易破坏生态环境、引发次生灾害。平原地区资源有限，虽然适合工业化城镇化开发，但同样也适宜农业生产，要防止工业化城镇化对耕地和绿色空间的过度侵蚀，保障生态安全和农产品基本供给的空间，因此，不能过度开发。即便是城市化地区，也要控制开发强度，保持必要的耕地和绿色空间。

① 习近平谈治国理政. 第三卷 [M]. 北京：外文出版社，2014：208 - 209.
② 习近平谈治国理政. 第二卷 [M]. 北京：外文出版社，2017：209.

重点生态功能区，要严格管制各类开发活动，发展适宜产业和建设基础设施，要控制在尽可能小的空间范围内。以巴马、龙胜、三江、融水等县为重点的桂西生态屏障区和以天等、那坡、靖西等县为重点的桂西南生态功能区，要着力加强以石漠化治理、林草植被恢复、水源涵养、生物多样性保护为主要内容的生态建设。以阳朔、富川等县为重点的桂东北生态功能区，要着力加强以水源涵养、森林生态和维护生物多样性为主要内容的生态建设。以广西沿海地区为重点的北部湾沿海生态屏障，要着力加强以沿海防风林、湿地保护、海洋生态恢复为主要内容的生态建设。重要江河上游地区开发要充分考虑对下游地区生态环境的影响；下游地区要积极吸纳上游地区的人口、上缴更多的财政收入，建立跨区域生态补偿系统，帮助上游地区修复生态环境和提高生活水平。

习近平总书记指出，"良好生态环境是最普惠的民生福祉"[①]。因此，保持良好的生态环境既是高质量发展的要求，也是高质量发展的体现。广西打造生态经济绿色发展的新高地，既是对自身负责、对国家和未来负责，也是塑造长期竞争力、走可持续发展之路的必然选择。

二、妥善应对污染物排放高峰期的挑战

随着广西工业化、城镇化的推进，污染物排放和环境治理的压力越来越大。一是算好减法，加大环境执法力度，淘汰落后产能，积极推动企业清洁化生产、产业园区生态化改造，大力推广生态化种养模式，鼓励资源综合利用，积极探索循环经济实现模式，节能降耗减排，腾出空间。二是算好加法，环境污染治理的投入不能压缩，新型能源、清洁能源的开发投资、转换成本也要舍得投入。三是算好除法，一方面控制能耗和排放量，确保"分子"不显著增加；另一方面，坚持绿色发展，打造绿色生态全产业链，塑造绿色农业、绿色工业、绿色服务业，做大绿色GDP总量，通过"分母"的大幅提升，把能耗和排放指标的"比

---

① 习近平谈治国理政. 第三卷［M］. 北京：外文出版社，2020：362.

率"降下来。四是算好乘法，始终绷紧生态保护这根弦不放松，加快推进各市编制生态保护红线、环境质量底线、资源利用上线和负面清单"三线一单"，画好环保"框子"，强化对区域污染排放管控和环境风险防控，始终保持环境执法高压态势，加大对环境违法违规行为的惩戒力度，通过生态环境保护硬约束引导加快转方式、调结构，坚决打好打胜污染防治攻坚战。

第四节　促进广西开放发展的对策建议及保障措施

2020 年 8 月 24 日，习近平总书记在经济社会领域专家座谈会上指出："要推动形成以国内大循环为主体、国内国际双循环相互促进的新发展格局。"[①] 经济"双循环"新发展格局的构建，强调充分利用国内国际两个市场、两种资源，"以国内大循环为主体"强调我国超大规模的市场优势和内需潜力，强调消费对经济的拉动作用。随着国内经济循环向纵深处发展，西部地区将成为投资高地和开放高地，从而促进区域经济平衡发展。新形势下，广西要主动融入以国内大循环为主体、国内国际双循环相互促进的新发展格局，努力构建"南向、北联、东融、西合"的全方位开放发展新格局，奋力将北部湾经济区打造成为开放发展的龙头区域。

一、主动融入国内国际双循环新发展格局

广西沿海沿江沿边，全方位扩大开放的优势十分明显。习近平总书记对广西开放发展十分关心，赋予广西"三大定位"新使命，要求广

---

① 习近平. 在经济社会领域专家座谈会上的讲话［M］. 北京：人民出版社，2020：4.

西积极融入"一带一路"建设,全面实施开放带动战略,加快形成面向国内国际的开放合作新格局,做好对外开放这篇大文章。习近平总书记的重要指示,为新时代广西全方位扩大开放指明了方向。目前国家正加快构建国内国际双循环的新发展格局,支持中西部地区承接国外及东部地区产业转移。广西要主动融入国内国际双循环,发挥连接国内和东盟各国的独特优势,围绕强龙头、补链条、聚集群,加快推进"三企入桂"①,有效承接产业转移,积极开展产业创新,不断推进产业升级。

2020年,东盟跃升为我国第一大贸易伙伴,广西要发挥好独特的区位优势,找准对外开放的战略支点,用好西部陆海新通道、中国(广西)自由贸易试验区、面向东盟的金融开放门户、中国—东盟信息港等各类重大开放合作平台,发展高水平开放型经济。要持续优化营商环境,深化"放管服"改革,简化政务流程,提高行政效能。要大力推进与粤港澳大湾区的基础设施互联互通,强化产业对接。要以制度创新为抓手推进中国(广西)自由贸易试验区建设。要落实好自治区出台的加快建设面向东盟的金融开放门户若干措施,抓好金融招商。

广西在我国新时代全面开放新格局中具有十分重要的战略地位,随着西部陆海新通道建设的快速统筹推进,广西有条件在"一带一路"建设中发挥更大的作用。广西应释放"海"的潜力,激发"江"的活力,做足"边"的文章,应以南向为引领,以东融为重点,以北联和西合为协同,内聚外合,纵横联动,着力做好"对内、对外、双向、全方位"开放发展。通过一系列精准的对外开放政策和措施,主动融入国内国际双循环发展新格局。

二、奋力写好"南向北联东融西合"开放大文章

自治区政府、党委审时度势,站在全局的高度,以更宽的视野,谋

---

① 2020年初,广西壮族自治区党委、自治区人民政府部署开展"三企入桂"活动,自治区各部门围绕"央企入桂""民企入桂""湾企入桂"的工作要求,主要领导前往北京、四川、广东等地开展招商引资活动。

划提出"南向、北联、东融、西合"全方位扩大开放的战略构想，这体现了党中央对广西的战略定位，体现了习近平总书记对广西工作的重要指示精神。全区上下要形成共识，合力推进，争取更大成效。在"南向"和"北联"上，要站在"一带""一路"有机衔接的战略高度，以西部陆海新通道、中新互联互通南向通道等为抓手，重点做好基础设施共建共享、陆海联运一体化通关等重点环节畅通连接工作，加快推进北部湾港口集装箱业务高标准建设，开辟北部湾港至东盟国家的外贸集装箱直航航线。深化与云贵川等西南省份的经贸合作，建立跨省协调机制，破除地方保护主义，确保人员和物资自由流通，实现通关一体化，推动各地共享北部湾综合保税区（港）、共建北部湾出口贸易加工基地、共建港口码头和共同运营铁海联运班列、航线，促进形成通道沿线要素资源充分流动、运转高效顺畅的跨省市场体系。在"东融"和"西合"上，要坚定挑起"战略支点"的重担，发挥广西在联系中国与东盟、西南中南和华南区域合作桥梁纽带作用。一方面，要加大面向东盟的开放力度，以广西自贸试验区建设为抓手，在制度创新、政策创新、产业聚集、人才聚集等方面大胆试、大胆闯，努力搭建面向东盟的高标准高质量开放平台。另一方面，要加快与周边省份互联互通，特别是面向广东、湖南、贵州、云南的跨区域基础设施建设，不仅要打通"大动脉"，还要让"支系血管"甚至"毛细血管"连接通畅起来，把各种交通运输方式统筹协调起来，降低运输成本、提高综合经济效益。其中，向东融入"珠三角""粤港澳大湾区"需要放在更加突出的战略位置上来，努力推动粤桂合作向更深层次、更高质量发展。以粤桂一体化发展为目标，将粤桂合作从签订战略协议、主要领导定期会晤的政治层面，推向战略融合、政策融合、产业融合、要素融合的社会经济综合层面。力争在国家的支持下，提升粤桂合作的层级和战略定位，建议在广州设立副省级领导常驻的粤桂一体化战略办公室，共同制订合作行动计划，在交通互联互通、能源互济互保、产业协同创新、流域生态环境保护、市场互相开放等重点领域，共同制订行动计划，谋划推进具体项目，推动两广合作迈向更深更远。

三、奋力将北部湾经济区打造成开放发展龙头区域

经过十多年的发展，北部湾经济区的龙头作用初步显现，但实力总量还不足以牵引带动全区发展。新发展阶段，要坚持新发展理念，实施强首府战略，建设好北部湾港口，打造面向东盟的开放型经济。

广西对外开放最主要的特色和区位优势是接近东盟，过去二十多年广西的重点、重心都是面向东盟。世纪之初，广西重点打造西南出海大通道，2003 年中国—东盟博览会永久落户南宁，2008 年广西北部湾经济区开放开发上升为国家战略，2011 年中国—马来西亚钦州产业园开始建设，2017 年广西积极投入西部陆海新通道建设，2019 年中国（广西）自由贸易试验区获批建设，同年广西全力打造面向东盟的金融开放门户、中国—东盟信息港等各类重大开放合作平台。所有这些都是立足北部湾、面向东盟、扩大开放的重要举措，也取得了显著的效果。未来，北部湾仍然是广西对外开放的战略高地，东盟仍然是广西对外开放的战略重点，要在生物医药、电子信息、新能源与新材料、装备制造、现代服务业和东盟传统优势产业等方面，不断加强与东盟的国际合作与经贸往来。

实施强首府战略，坚持北部湾经济区率先开放发展是广西一以贯之的战略定位，也是贯彻习近平总书记对广西工作的重要指示精神的重要体现。全区上下要凝聚共识，增强战略定力，摒弃地方主义，服从服务大局。把人力资本、创新要素、产业布局、政策举措等发展资源向这个区域集中，推动北部湾经济在规划建设、开放水平、发展动能、产业结构、基础设施、同城化等方面提档升级。加快人力资本积累，全面放开户籍限制，在住房、入学、就业方面出台鼓励政策，大力吸引区内外人口流入，特别是吸引高端人才要素集聚。

在产业发展方面，一是抓住东部沿海地区新一轮产业升级的机遇，有选择地承接电子、机械、石化、冶金等大工业，带动广西制造业迈上

新台阶，依托北部湾保税港的政策优势，吸引国内外大企业建立出口贸易加工基地，打造临海工业。二是科学规划、合理布局，大力发展战略新兴产业，在北部湾各市布局建设一批重大新兴产业基地、工程和项目。如在南宁布局电子信息、生物制药、先进装备制造等新兴产业，在北海布局新一代信息技术、新材料、海洋高技术等新兴产业，在钦州布局绿色化工、装备制造等新兴产业，在防城港布局金属新材料、大健康、清洁能源等新兴产业。三是统筹推进、制度先行，推出财政支持、金融支持、税收优惠、物流发展、要素供给、人力资源保障等方面的配套政策，将倾斜、优惠落到实处。

在基础设施建设方面，一是要率先通畅北部湾经济区连接珠三角的高速公路、高速铁路；二是要打通广西区内各市通往北部湾经济区的高速公路、高速铁路；三是要加密北部湾经济区内"南钦北防"之间的多层次立体化交通系统，最为紧迫的是将钦州港港区与防城港港区海陆快速连接起来，推动更高质量一体化。

在组织协调方面，要推进北部湾经济区一体化向更新内涵、更高层次升级，关键是加速创新、科技、人才、产业等方面的一体化。建议借鉴长三角高质量一体化发展的做法，成立常驻南宁的北部湾一体化发展领导小组，由各市副市长级别的领导牵头、合署办公，共同谋划合作意向，提出各自的需求，编制专项规划、启动专项行动、制定实施方案、推动重大项目落实。

第五节　促进广西共享发展的对策建议与保障措施

习近平总书记指出："人民是我们党执政的最深厚基础和最大底气。为人民谋幸福、为民族谋复兴，这既是我们党领导现代化建设的出发点和落脚点，也是新发展理念的'根'和'魂'。只有坚持以人民为中心的发展思想，坚持发展为了人民、发展依靠人民、发展成果由人民共享，才会有正确的发展观、现代化观。"① 这是对马克思主义发展观的坚持和发展。按照马克思、恩格斯的构想，共产主义社会将彻底消除阶级之间、城乡之间、脑力劳动和体力劳动之间的对立和差别，实行各尽所能、按需分配，真正实现社会共享、实现每个人自由而全面的发展。社会主义社会作为迈向共产主义社会的重要阶段，需要在共建共享基础上逐步提高，直到形成共同富裕的状态。实现共同富裕不仅是经济问题，而且是关系党的执政基础的重大政治问题。要统筹考虑需要和可能，按照经济社会发展规律循序渐进，自觉主动解决地区差距、城乡差距、收入差距等问题，不断增强人民群众获得感、幸福感、安全感。党的十八大以来，广西共享发展取得了重大成就，城乡居民生活水平差距大幅缩小，教育、医疗、卫生等公共服务水平持续改善，多样化公共服务体系基本实现全覆盖，社会保障体系兜底保障功能有效发挥，脱贫攻坚取得重大胜利。但是，由于经济发展水平偏低，人口众多，近年来经济增长出现了明显的下滑态势，广西的共享发展与全国平均水平相比还有较大的差距。要满足人民日益增长的美好生活需要，广西还需要夯实共享发展的经济基础，树立共享发展的理念信念，落实共享发展的惠民政策，健全共享发展的体制机制。

一、夯实共享发展的经济基础

实事求是，一切从实际出发，是解决问题的关键。广西实现发展，应立足实际区情，一切从实际出发。广西作为一个多民族集聚、经济发展相对滞后的边疆省份，人均 GDP、人均财政收入排名全国倒数第三的事实，决定了广西不可能也没能力把共享发展提到很高的水平。在有限的经济基础和财力下，提高效率、补齐短板，把各项民生事业办好，最大限度地兜住民生底线是基础。但更为关键的是，要抢抓机遇，把发展

---

① 习近平谈治国理政．第三卷 ［M］．北京：外文出版社，2020：135 - 138.

作为第一要务，进一步提升经济实力。一是要大力发展实体经济、防范金融脱实向虚的风险，特别是要防范房地产泡沫挤压实体经济的资本空间和利润空间、抑制创新和增加人民负担的风险。二是要大力发展生态经济，将生态优势与经济发展相结合，通过生态工业、生态农业、循环经济、旅游、康养等绿色健康产业，培育和打造广西经济新的增长点。三是要大力发展县域经济，通过乡村振兴，努力使资本、技术、人才等各项生产要素下沉，经济重心下沉，激活广大乡村的经济活力。四是着力打造开放型经济，利用好面向东盟的区位优势，发展海洋经济，利用好与粤港澳大湾区地域相连、文化相通的优势，不断促进产业承接、产业创新和产业升级。五是实施创新发展战略，通过"筑巢引凤"、聚集资源、建设科创"飞地"、优化体制机制等方式，大力培育高新技术产业、战略性新兴产业，促进经济跨越式发展，实现"弯道超车"。总之，发展是解决广西一切问题的根本，提高共享惠民水平，首先要夯实共享发展的经济基础。否则，共享发展只能流于口号，成为无源之水、无米之炊。

二、树立共享发展的理念信念

理念来源于实践，又指导实践。正确认识共享发展，是践行共享发展的前提。广西当前正处在大建设、大发展的新阶段，铆足干劲、集中力量，要在经济发展上上一个新台阶。部分干部、群众对共享发展的内涵理解不深，认为共享发展不利于积累，会减少投资、减缓经济发展的速度、增加政府负担，主张继续加大投资，提高经济增长的速度，先把"蛋糕"做大、再分"蛋糕"，把公共服务和社会保障等事项在优先顺序上往后推。这是一种错误的认识，首先，为人民谋福利是中国共产党的初心和使命，也是社会主义的本质要求，要实事求是、量力而为，但不能等、不能拖；其次，从社会主义运动和社会发展的规律看，社会福利、共享公平，既是奋斗而来的，也是争取而来的，但不可能是自动解决的。西方发达国家福利制度是在工人阶级长期斗争和苏联率先建立退休制度基础上"逼"出来的。作为社会主义国家，我们要时刻把人民利益放在最重要的位置。再次，过分重视经济增长，对民生投入不足，会积累很多负面消极影响。社会财富和收入分配差距拉大，会进一步影响医疗、教育等社会各个层面的机会均等，进而增加政府运行成本和腐败风险，激化社会矛盾。著名经济学家、"人民教育家"国家荣誉称号获得者卫兴华教授指出，效率优先不重视分配公平，有利于资本而不利于劳动①。最后，减少不符合经济规律的过高投资，根据能力限度合理加大成果共享的力度，既能调和社会关系、防止社会矛盾激活和冲突，又能扩大中等收入群体、提振消费、增加社会需求，为长期经济增长和人力资本积累注入活力。实践证明：将经济增速保持在合理区间，在财力、能力限度的范围内，下决心加大成果共享，有利于转变政府职能、加快国家现代化进程、提高人民满意度，是一项符合经济发展基本规律、公平与效率兼顾、可行性得到实践检验的路径选择。因此，在广西发展的实践中，要达成共识，坚定共享发展的理念信念。

三、落实共享发展的惠民政策

当前，广西应围绕收入分配、教育医疗、社会保障等方面，积极探索、不断完善，落实共享发展的惠民政策。

（一）完善收入分配政策

在初次分配领域，坚持以按劳分配为主体，增长劳动收入在国民收入中的占比，特别是增加一线劳动者的劳动报酬。完善按要素分配的体制机制，注重机会均等，防止资本绑架劳动，同时增加居民财产性收入的渠道，按照"提低、扩中、限高"的原则，扩大中等收入群体比例。

---

① 卫兴华. 有关中国特色社会主义经济理论体系的十三个理论是非问题 [J]. 经济纵横，2016（1）：1 - 14.

再分配领域，优化财政预算体制，完善财政转移支付机制，提高财政资金使用效率。财政支持的力度，尽量向农村倾斜、向基层倾斜、向欠发达地区和困难群众倾斜、向基本公共服务和社会保障方面倾斜。

规范收入分配秩序，推动国有企业和公共部门薪酬制度改革，做到公开透明，不留"小金库"，妥善处理企业高管与普通员工收入差距过大的问题。坚决打击腐败和各种非法经济行为，不给公权留下寻租空间，调节垄断行业收入，取缔非法收入。

（二）落实教育、医疗综合改革

习近平总书记指出："教育公平是社会公平的重要基础，要不断促进教育发展成果更多、更公平惠及全体人民，以教育公平促进社会公平正义。"[1] 当前广西教育经费少、教育资源不平衡、农村地区教师紧缺等矛盾非常突出。要加大教育经费投入力度，特别是要向乡村倾斜，保障并提高农村教师的待遇，推动城乡义务教育一体化，促进教育公平。提升教育治理水平，职业教育、应用型高等教育要加快与产业对接，科研院所、研究型高等教育要改革科研管理体制，加大创新投入，特别是对基础研究和关键核心技术的研究，要给予各方面的保障。

深化医疗卫生体制改革。理念上，要推动疾病治疗向疾病预防、健康促进转变，建设健康广西、助力健康中国。体制上，要继续完善医疗保障制度，提高医疗保险的覆盖广度和深度，建立分级诊疗制度，确保药品安全可靠，在基本公共医疗领域，政府要起到保障、兜底和监管的作用；在非基本公共医疗领域，市场要有活力，允许各类医疗主体公平竞争。

（三）健全社会保障制度

建立城乡统筹的社会救助体系，完善最低生活保障制度，加快老年

---

[1] 习近平谈治国理政 . 第二卷 [M]. 北京：外文出版社，2017：365.

照料支持体系建设，深入研究人口老龄化的公共政策应对。加强对妇女儿童、弱势群体的权益保护。完善就业市场、拓展就业服务、消除就业歧视。坚持"房住不炒"的定位，租购并举，解决基层群众的住房问题。

四、健全共享发展的体制机制

健全共享发展的体制机制，就是要将公共服务供给、社会保障体系目标化、制度化。比如，完善民生支出的统计口径，精细化民生支出的专属用途，规定民生支出占一般公共预算支出比重的浮动范围，明确教育支出、科技支出占一般公共预算支出比重的下限及增长的目标。确立劳动报酬增长与劳动生产率同步提高的政策机制，完善国有资产补充社会保障基金的政策机制。

第八章

结论与展望

第 一 节　研 究 结 论

　　本书的主要目的是以马克思主义政治经济的基本理论为指导，广泛借鉴现有研究成果，深入分析我国西南民族地区特别是广西经济高质量发展的现实基础，并结合经济高质量发展的影响因素进行评价测度，以找出广西经济高质量发展的薄弱环节和发展瓶颈，进而提出有针对性的对策建议和保障措施。研究过程中主要得出以下结论。

一、我国西南民族地区经济高质量发展的基本判断

（一）我国西南民族地区经济高质量发展整体水平偏低

　　我国西南民族地区各省份经济高质量发展综合指数得分均值为

75.7 分，在全国八大综合经济区中低于东部沿海、北部沿海、南部沿海和长江中游地区，略高于东北地区、黄河中游地区和大西北地区。其中，重庆和四川发展水平较高，居全国第 9 位和第 11 位；广西处于中游，居第 16 位；贵州和云南则居全国第 24 位和第 27 位。若剔除重庆和四川，云南、广西、贵州三省区的综合指数得分均值为 74.1，在全国八大经济区中仅高于大西北地区。从新发展理念的视角看，我国西南民族地区创新指数、协调指数、绿色指数、开放指数、共享指数依次为 69.2、74.0、86.2、73.0、76.2，其中，绿色发展水平最高，创新发展水平最低，开放、协调和共享水平也亟待提升。若剔除重庆和四川，云南、广西、贵州三省区五大指数依次为 67.0、71.3、86.0、69.7、76.3，除了绿色指数外，其他各项指数在全国八大经济区中仅高于大西北地区。由此可见，我国西南民族地区，特别是云南、广西、贵州，经济高质量发展整体水平偏低，各方面均需奋起直追。

（二）我国西南民族地区优势特色产业——广西旅游业发展质量不高

新冠疫情冲击下广西旅游业虽遭重创，但广西采取了一系列有力的应对措施，旅游业复苏的步伐正在加快，且大幅领先全国平均水平。当前，广西旅游业还存在规模效益欠佳、旅游要素供给不足、企业盈利能力偏弱、旅游服务质量和旅游管理水平有待提升、总体发展质量不高等问题。2009～2018 年广西各市旅游业高质量发展水平的格局演变并不明显，桂林一枝独秀，南宁位列次席，其他城市发展滞后，其中，崇左、钦州进步明显，贺州、梧州、百色则相对滑落。整体来看，广西城市间旅游业高质量发展水平的差距很大、区域内旅游业发展不平衡的现象非常严重，总体呈"金字塔"型分布，且有"塔尖愈尖"的趋势，积极变化是第三等级的"塔身"城市数量不断扩大，第四等级旅游业发展滞后的城市数量明显减少，整体结构趋于优化。从空间上看，桂林、南宁为"塔尖"，柳州、北海、崇左、贺州、防城港、百色、河池、钦州为"塔身",梧州、贵港、玉林和来宾为"塔底"。具体到各个城市,则应针对测度指标中的短板精准施策。

横向比较看,广西旅游业的优势在于高品质的旅游资源比较丰富、交通便捷度较好、森林覆盖率高、生态环境良好、旅游对城镇化的推动作用比较明显。劣势则主要表现在以下几个方面:一是旅游服务质量不高、旅游投诉数量较多;二是基础卫生和医疗保障等旅游服务配套设施发展滞后;三是经济发展水平不高,文化和旅游方面的经费投入相对较小,第三产业增加值占 GDP 的比重略低,这些因素在一定程度上抑制了广西旅游业的发展;四是旅游企业经营绩效较差,不管是景区、酒店还是旅行社,不管是利润率、生产率还是人均消费,各项指标均处于明显的劣势;五是旅游产业整体的经济效益不高,旅游对就业、对服务业、对经济发展全局的贡献相对较弱。

二、广西经济高质量发展的现实逻辑和实践路径

(一) 广西国民经济重大比例关系的现实逻辑考察

马克思的社会资本扩大再生产理论要求两大部类必须保持适当的比例关系,这是宏观经济稳定增长的前提,也是正确处理国民经济重大比例关系的理论依据。广西国民经济重大比例关系欠合理,主要表现在以下几点:(1)第 I 部类生产资料生产部门产值较小、技术水平不高,第 II 部类消费资料生产部门相对过剩、存在低水平重复建设。(2)三次产业比例关系不合理,第一产业劳动生产率低,但占比很高,比全国平均水平高出 9 个百分点;第二产业尤其是工业占比偏低、竞争力不强、仍以高耗能的资源型产业为主导,传统产业向新兴产业调整的进程缓慢;第三产业发展不充分,以满足人民基本需要的生活性服务业为主,生产性服务业和现代服务业占比不高。(3)工业各细分行业之间发展不均衡,资源型、劳动密集型产业占比偏高,先进制造业、战略性

新兴产业占比偏低；资产规模较大的产业利润率偏低，有一定竞争力、利润率较高的产业整体规模较小；很多资源型、劳动密集型产业出现了明显的利润率下滑趋势。（4）实体经济与虚拟经济比例不协调。按照狭义标准，实体经济仅指制造业，广西实体经济占比大幅低于全国平均水平；按照一般标准，实体经济还包括农业、建筑业和其他工业，广西实体经济占比略高于全国平均水平，但其中农业占比很大，实体经济的质量和效益很差；按照广义标准，实体经济还包括除金融和房地产以外的服务业，广西实体经济占比略低于全国平均水平。虽然广西金融资本紧缺、金融市场不发达，整体经济"脱实向虚"的风险比较小。但是，财政风险、债务风险特别是房地产泡沫风险不容忽视，金融业服务实体经济的能力亟待提升。（5）广西的经济增长是以外延式扩大再生产为主的经济增长，在劳动力资源投入略微增长的情况下，主要通过追加生产要素的数量特别是固定资产投资来拉动经济增长。这在经济发展的起步阶段也是无可厚非的。但是，固定资产投资增速是经济增长的两倍以上，说明投资效率不高、乘数效应不强。在不排除和贬抑外延型扩大再生产的同时，需要更加注重科技创新、管理创新，提高经济效益，走集约型的内涵式增长路径。（6）1979～2018年，广西工业企业的利润增长率大幅高于工资增长率和宏观经济增长率，劳动收入占比偏低、增速过慢，不利于长期经济增长。调整和优化广西国民经济重大比例关系，需要围绕新发展理念和高质量发展的要求，在统筹兼顾、综合平衡的原则下，实事求是地探究解决问题的实践路径。

（二）广西人力资源开发的现实逻辑与实践路径

广西常住人口比户籍人口少735万人，呈人口净流出的态势，净流出人口占户籍人口总数的13%，大多为青壮年劳动力或高层次人力资源。2000～2011年是广西人口红利的集中爆发期，劳动力总数在2011年达到顶峰；广西的总抚养比特别是少儿抚养比显著高于全国平均水平，负担较重，但人口结构相对年轻，出生率高于全国平均水平，劳动力资源总数并未进入下降通道，而是缓慢上升。因此，广西人口红利的高峰期虽然已过，但未来的人口红利仍有一定的潜力。相对于劳动力资源数量下降，更令人担忧的是劳动力资源利用率偏低、劳动力资源流失和劳动力素质不高。

由于广西经济总量不高，无法提供足够的就业岗位，造成大量劳动力资源外流，劳动力资源利用率长期低迷；由于广西产业结构低级，高端产业就业吸附能力不足，造成广西将近一半的劳动力资源集中在第一产业；由于广西劳动力资源受教育程度偏低，造成创新动能不足、产业升级困难、经济增长迟缓。要跳出这种恶性循环，就需要加大人力资源的开发力度，提升存量人力资源的素质和技能，推动城乡教育资源和机会均等，提升高等教育的质与量。从劳动生产率的视角看，推动经济发展的直接途径是将劳动力资源向劳动生产效率高的产业或地区转移，即将劳动力资源由第一产业向第二产业、第三产业转移，由乡村向城镇转移，尽量加快工业化、城镇化的进程。

（三）广西创新发展的现实逻辑和实践路径

广西创新发展的外部环境欠佳，经济发展滞后，高层次人才储备不足，制度环境不优，企业创新的积极性和成功率都比较低。广西国家级重点实验室、国家级工程技术研究中心、国家级高新技术开发区、高层次科研机构、高新技术企业、综合性高水平大学等创新平台和载体数量少，科技人员的待遇不高，R&D 经费投入强度长期处于低水平。广西工业企业技术升级的主要路径是自主研发和技术改造，技术引进和基础研究占比很小，技术革新的胆子还不够大、步伐还不够快。不论企业还是研发机构、高等院校，科技创新的产出效益都低于全国平均水平。后发地区要实现经济高质量发展，单纯寄希望于发达地区的产业转移是远远不够的，必须牢牢抓住创新这个"牛鼻子"，突破体制机制制约，优化创新环境，加大人力资源的开发力度和研发经费的投入强度，充分调动各类创新主体的积极性，制定并全面落实各类推动创新创业的制度和政策。包括培育"瞪羚企业""高新企业",打造"飞地型"科创中心,吸引著名高校来桂办学,创建研究中心,基于资源禀赋选择比较优势产业,基于短周期技术理论确定战略性新兴产业等。

(四)广西协调发展的现实逻辑和实践路径

广西城镇化率落后于全国平均水平,城乡居民人均可支配收入比、城乡居民人均消费支出比,均低于全国平均水平,城乡发展不协调的矛盾并不十分突出。但是,广西城乡发展都比较滞后,各项指标全面落后于全国平均水平,说明广西的主要矛盾不是城乡发展不平衡,而是城乡发展不充分。从农村看,广西脱贫攻坚虽已取得重大胜利,但相对贫困的人口还比较多,巩固脱贫成果、增强造血能力、防止返贫的任务还很艰巨。从城镇看,广西城镇与全国城镇平均水平的差距非常大,城乡间生产要素配置不佳,城镇对乡村的辐射带动能力薄弱。因此,广西当务之急是要解决经济发展不充分的问题,使人才、资金、技术等生产要素在城乡之间自由流动,同步提高城乡发展水平。

近年来广西实施了"强首府战略"和"北部湾经济区""西江经济带"双核驱动的发展战略,但首府南宁和两大经济区的辐射带动能力并不强。广西区域经济发展既面临着各城市、各地区发展不平衡的问题,又面临着整体发展不充分,发展水平过低,核心城市经济规模不大,辐射和引领作用不强的问题。因此,广西的主要精力应该放在大力促进经济增长、提高经济发展的整体水平上。继续实施"龙头引领、双核驱动、三区统筹"的整体发展战略,以南宁为龙头,加快"北部湾经济区"和"西江经济带"开放开发,统筹推进沿海、沿江、沿边地区协调发展,释放"海"的潜力,激发"江"的活力,做足"边"的文章。其中,北部湾经济区主要以东盟为面向,突出海洋经济;西江经济带主要以粤港澳大湾区为面向,突出产业承接、产业集聚、产业创新、产业升级。形成多区域统筹联动发展的新格局。同时要以主体功能区规划为依据,做好战略统筹与规划。重点开发区域引领科技创新,推动经济高质量发展；农产品主产区打造商品粮生产基地，保障农产品供给安全，发展现代农业，建设社会主义新农村；重点生态功能区提供生态产品、保护环境、保障国家和地方生态安全。合力促进人口、经济和资源环境均衡布局，共同打造生产空间集约高效、生活空间舒适宜居、生态空间山清水秀的美丽广西。

（五）广西绿色发展的现实逻辑和实践路径

广西生态环境良好、旅游资源丰富、森林覆盖率高、空气水土质量都比较好，但是由于经济发展冲动、思想观念落后、治理成本较高、监督管理不到位等，近年来在节能减排、环境治理等方面已经表现出令人担忧的迹象，必须引起高度重视。

近年来，广西单位 GDP 废水排放量、二氧化硫排放量、烟（粉）尘排放量等指标均呈下降趋势，但横向比较来看，仍高于全国平均水平。广西单位 GDP 能耗、电耗水平偏高，天然气等清洁能源的消耗量偏小，能源自给率不足 1/3，且有缺口越来越大的趋势。黑色金属冶炼及压延加工业、有色金属冶炼和压延加工业、非金属矿物制品业等能耗水平很高的产业恰好是广西制造业的支柱产业，长期来看，这样的产业结构会对生态环境产生持续的压力和隐患。

从工业污染治理施工项目投资、环境污染源治理投资、城市环境基础设施建设投资等方面看，近年来广西环境治理的力度有所减弱，生态环境部通报的排污治理不力恶性事件中广西已有城市上榜。

广西必须严格落实习近平总书记和党中央的要求，把生态环境保护放在更加突出位置，像保护眼睛一样保护生态环境，像对待生命一样对待生态环境。保持环境执法高压态势，加大对环境违法违规行为的惩戒力度。妥善应对污染物排放高峰期的挑战，打造生态经济绿色发展新高地。

（六）广西开放发展的现实逻辑和实践路径

广西对外贸易的规模较小，层次不高，开放开发的力度明显不够。

东盟是广西最大的贸易伙伴，广西对东盟国家出口占全部出口总额的54%，对东盟国家进口占全部进口总额的44%。2019年广西外商直接投资的61%来自中国香港[①]，中国香港、粤港澳大湾区与广西同属岭南文化圈，经济发展上又属于不同的梯度，空间、环境、产业、科技水平、劳动力资源等多方面可以形成优势互补。因此，广西经济发展和对外开放不能只盯着东盟，要高度重视、积极融入包括中国香港在内的粤港澳大湾区。

近年来广西高新技术产品进出口额占比呈不断上涨的态势，但与全国平均水平相比仍有较大差距。2019年广西进口和出口的前三大类产品都是机电产品、高新技术产品、自动数据处理设备及其部件。这三大类产品占广西进口总额的66.9%，占出口总额的78.8%。说明广西进出口贸易在先进设备、高新技术和数据处理方面还是比较集中的，尽管其中存在加工贸易甚至贴牌的现象，但方向是正确的。广西对外贸易的层次也还比较低级，除一般贸易之外，边境小额贸易是最主要的贸易形式，广西外贸的第一大城市不是南宁或者北部湾城市而是中越边境的崇左。按收发货人所在地统计，2019年广西贸易顺差为72.7亿美元；但是若按境内目的地、货源地统计，2019年广西贸易逆差高达266.8亿美元[②]。经由广西出口的货物接近50%货源地不在广西，广西实质上处于大幅度贸易逆差的境地，且逆差额度呈现不断扩大的趋势。这说明广西服务中南西南地区开放发展的"通道""支点""门户"作用日益凸显，但与此同时，广西自身开放发展的速度和力度都还比较弱，虽然具有明显的区位优势，但没能形成强有力的出口拉动效应。

广西沿海沿江沿边，全方位扩大开放的优势十分明显。习近平总书记对广西开放发展十分关心，赋予广西"三大定位"新使命，要求广西积极融入"一带一路"建设，全面实施开放带动战略，加快形成面向国内国际的开放合作新格局。广西应以南向为引领，以东融为重点，以北联和西合为协同，内聚外合，纵横联动，着力做好"对内、对外、

---

① ② 《广西统计年鉴2020》。

双向、全方位"开放发展，通过一系列精准的对外开放政策和措施，主动融入国内国际双循环发展新格局，奋力将北部湾经济区打造成开放发展的龙头区域。

（七）广西共享发展的现实逻辑和实践路径

党的十八大以来，广西共享发展取得了重大成就，城乡居民生活水平差距大幅缩小，教育、医疗、卫生等公共服务水平持续改善，多样化公共服务体系基本实现全覆盖，社会保障体系兜底保障功能有效发挥，脱贫攻坚取得重大胜利。但是，由于经济发展水平偏低，人口众多，近年来经济增长出现了明显的下滑态势，广西的共享发展与全国平均水平相比还有较大的差距。广西的人民生活整体水平还比较低，城乡发展差距还比较大，高质量的教育、医疗等公共服务还比较稀缺，住房、就业、社会保障、基础设施等方面的短板还比较突出，部分干部的责任担当意识还有待加强，这些构成了共享发展的最大难点。

发展是为了满足人民日益增长的美好生活需要，人民的需要既是发展的目标，也是发展的动力和方向。要满足人民日益增长的美好生活需要，广西必须夯实共享发展的经济基础，人均 GDP、人均财政收入排名全国倒数第三位的事实，决定了广西不可能也没能力把共享发展提到很高的水平。在有限的经济基础和财力下，提高效率、补齐短板，把各项民生事业办好，最大限度兜住民生底线是基础。但更为关键的是，要抢抓机遇，把发展作为第一要务，进一步提升经济实力。与此同时，不能等、不能拖，在财力、能力允许的范围内，下决心加大成果共享水平，转变政府职能，落实惠民政策，健全体制机制，提高人民群众的幸福感、获得感和满意度。

（八）广西争取国家支持的现实逻辑和实践路径

2020 年东盟已经成为中国第一大贸易伙伴，不管从政治上还是经济上，都要稳住东盟的基本盘。广西作为我国对东盟 10 国开放的前沿窗口,在这个过程中可以承担更重要的角色和作用。当然也需要党中央、国务院给予广西更大力度的政策支持、更突出的战略定位。如:将广西北部湾、广东雷州半岛设为深度开放自由贸易区,并上升为国家级重点战略。支持广西建设一批高水平开放开发平台,优先在广西布局一批重大项目,加强广西区域内外的交通密度,支持广西建立面向东盟的金融中心,支持央企在广西设立面向东盟的区域中心,支持中国科学院、工程院、"双一流"高校在广西建立分校区、研究生院和研究中心,加大对广西各项事业的支持力度,将广西打造为中国对外开放的新高地。

三、主要结论

大浪淘沙、洗尽铅华,本书主要得到如下结论:(1)我国西南民族地区,特别是云南、广西、贵州地区,经济高质量发展整体水平偏低,各方面均需奋起直追。但生态环境良好,是其优势和特色。(2)广西国民经济重大比例关系欠合理,主要表现在两大部类结构不合理、三次产业结构不合理、工业各细分行业之间发展不均衡、实体经济与虚拟经济比例不协调、外延式扩大再生产为主内涵式扩大再生产不足、资本利得增长率大幅高于工资增长率和宏观经济增长率。(3)广西人口红利的高峰期虽然已过,但未来的人口红利仍有一定潜力。相对于劳动力资源数量下降,更令人担忧的是劳动力资源流失、利用率偏低、整体素质不高。广西高端产业就业吸附能力不足,造成将近一半的劳动力资源集中在第一产业。广西亟须通过教育和培训提升劳动力素质,努力将劳动力资源由第一产业向第二产业、第三产业转移,由乡村向城镇转移,尽量加快工业化、城镇化的进程。(4)广西创新发展的外部环境欠佳、高层次人才储备不足、制度环境不优、企业创新的积极性和成功率都比较低。亟须加大人力资源开发的力度和研发经费投入的强度、打造"飞地型"科创中心、基于资源禀赋选择比较优势产业，基于短周期技术理论确定战略性新兴产业。（5）广西城乡差距低于全国平均水平，城乡发展不协调的矛盾并不十分突出。但是，广西城乡发展都比较滞后，各项指标全面落后于全国平均水平，说明广西的主要矛盾不是城乡发展不平衡，而是城乡发展不充分。广西区域经济发展既面临着各城市、各地区发展不平衡的问题，又面临着整体发展不充分，发展水平过低，核心城市经济规模不大，辐射和引领作用不强的问题。（6）广西生态环境良好、旅游资源丰富、森林覆盖率高、空气水土质量都比较好，但是由于经济发展冲动、思想观念落后、治理成本较高、监督管理不到位等，近年来在节能减排、环境治理等方面已经表现出令人担忧的迹象，必须引起高度重视，牢固树立"三线一单"的红线意识。（7）广西旅游业发展质量不高，存在规模效益欠佳、旅游要素供给不足、企业盈利能力偏弱、旅游服务质量和旅游管理水平有待提升等问题。（8）广西对外贸易的规模较小，层次不高，服务中南、西南地区开放发展的"通道""支点""门户"作用日益凸显，但广西自身开放发展的速度和力度都还比较弱。重视东盟的同时，更要积极融入粤港澳大湾区。对内聚力，形成"龙头引领、双核驱动、三区统筹"的整体发展格局，对外开放，打造"南向北联东融西合"的全方位开放体系。主动融入国内国际双循环发展新格局。（9）广西的共享发展水平较低，要满足人民日益增长的美好生活需要，必须夯实共享发展的经济基础。在有限的财力下，提高效率、补齐短板，把各项民生事业办好，最大限度兜住民生底线。与此同时，要抢抓机遇，把发展作为第一要务，不断提高人民群众的幸福感、获得感和满意度。（10）广西的发展离不开国家的支持。2020年东盟已经成为中国第一大贸易伙伴，不管从政治上还是经济上，都要稳住东盟的基本盘。广西作为我国对东盟十国开放的前沿窗口，在这个过程中可以承担更重要的角色和作用。当然也需要党中央、国务院给予广西更大力度的政策支持、更突出的战略定位。

第二节　研究启示

本书研究过程中虽然主要以广西为例，但对云南、贵州等西南民族地区多有论及，兼顾了云南、广西、贵州等西南民族地区的共性，因此，研究结论对我国西南民族地区具有广泛的适用性和相当普遍的借鉴意义。

一、绿色发展是我国西南民族地区最大的优势和特色

我国西南民族地区生态环境良好，生态环保子项目测度得分居全国八大综合经济区之首，其中，贵州、广西、云南更是高居全国前三名。这是我国西南民族地区高质量发展最大的优势和特色。但是，节能减排子项目方面则令人担忧，西南民族地区整体测度得分在全国八大经济区中居第六位，仅高于东北地区、大西北地区。其中，云南、广西、贵州三省区表现更差，节能减排子项目方面仅高于大西北地区。由此可见，我国西南民族地区虽然绿色发展的基础和底子较好，但是由于经济实力不足、技术水平落后等，节能减排方面已经表现出令人担忧的迹象，必须引起高度重视。

从发展战略上看，我国西南民族地区经济高质量发展要以生态环境保护为重点、以绿色发展为主体。守住生态环境的底线，也就是守住了自身的特色和优势。要坚持大保护，不搞大开发，不走大规模工业化的老路，不走先污染再治理的弯路，要结合资源禀赋优势，走适合自身的特色化发展道路。从新发展理念的角度，虽然每个维度都很关键，全国上下都必须一以贯之、坚决落实，但在实际工作中的侧重点可以有所不同。比如：北京、上海、广东等先进省市集中了中国最优秀的人才和资

源，代表了中国最先进的生产力，肩负着中国核心关键技术创新和重大领域基础研发的使命，是我国突破欧美战略遏制、技术封锁、实现中华民族伟大复兴的关键。因此，在新发展理念的五个维度中，应该把创新放在最为突出的位置，统筹和统领其他纬度。反观云南、广西、贵州等西南民族地区，经济发展相对落后，科技创新不是优势，但生态环境良好、民族特色突出，要为国家守住生态环境的底线，要为国家打造民族融合协调共进的内部环境，要在精准扶贫、乡村振兴等领域持续发力，让发展的红利更多更公平地惠及各族人民，进而彰显中国特色社会主义制度的优越性。因此，在新发展理念的五个维度中，要把绿色和协调放在更为突出的位置上，在此基础上，结合自身优势，走特色创新、特色开放、特色共享的发现之路，打造生态环境的高地，探索绿水青山转化为金山银山的路径和机制。成为民族融合的示范，探索一条欠发达地区多民族融合发展的中国方案。

二、要质量也要速度是我国西南民族地区经济高质量发展的客观要求

经济总量偏小、发展水平不高是制约我国西南民族地区高质量发展的主要原因。我国西南民族地区特别是云南、广西、贵州三省区工业化、城镇化水平比较低，处于起步阶段、上升阶段，比全国平均水平大概落后 5~7 年，比发达省份大概落后 10~15 年。很多方面落后，很多指标的得分低，根本原因是经济没有发展起来，又赶上了国内外经济环境变化、要素成本上升、人口红利消失、资源环境约束趋紧等不利因素。在这种情况下，坚持高质量发展的同时，还要追求尽可能大的规模、尽可能快的速度。因为，西南民族地区的主要矛盾比全国更为突出，不平衡不充分的发展主要表现在与发达省份，甚至全国平均水平的差距上。这种差距不能缩小，人民群众对美好生活的追求就无法满足；人民群众对美好生活的追求得不到满足，则会进一步加剧高层次人才流

失、削弱创新动能、遏制经济增长。因此，必须在发展中解决发展的问题，让发展的红利成为发展的动力，这一点必须形成共识。当然，在自身努力调动各方面因素、一心一意谋发展的同时，也需要国家在重大项目的生产力布局方面给予支持。

三、要创新也要引进是我国西南民族地区培育创新动能的有效途径

我国西南民族地区特别是云南、广西、贵州地区与国内发达地区及海外发达国家在经济发展水平特别是科技创新水平上还有较大差距，这些地区应该采取怎样的经济发展和技术进步路径呢？坚持自主研发和技术改造为主，还是大力引进国内外先进技术以吸收消化为主？易纲、樊纲、林毅夫等经济学家早期都主张引进技术、发挥比较优势。正常情况下，学习模仿的速度比自主创新的速度要快，欠发达国家学习模仿引致的技术进步速度，也会比发达国家原始创新引致技术进步的速度要快。因此，两者之间的经济发展水平将是收敛的。但是，上述观点没有考虑到国家政治、意识形态、垄断等方面的因素，没有考虑到被"卡脖子"的情况。与国家层面不同的是，对于云南、广西、贵州等欠发达地区而言，缩小与东部发达地区的差距，一方面固然需要大力培育自主创新的能力，另一方面也应该尽可能地通过学习模仿加快技术进步的速度，大力引进先进技术，因为在国内不存在因政治因素而被"卡脖子"的情况。因此，在人力资本和其他条件不具备的情况下，发挥比较优势、注重引进技术，也不失为一种好的选择。当然，从长期看更重要的是要牢牢抓住创新这个"牛鼻子"，突破体制机制制约，加速推进战略性新兴产业相关的基地、工程和专项建设，挖掘内生动力。集中资金、集中政策、集中领域，推动创新企业、创新平台、创新机构、创新人才和创新成果加速发展。

四、扬特色补短板是我国西南民族地区经济高质量发展的主线和长期功课

我国西南民族地区的优势是生态环境良好、旅游资源集聚、矿产物产丰富、区位优势明显，短板则是人才储备不足、创新能力偏弱、金融资本紧缺、制度环境欠优、体制机制不够灵活、基础设施不够完善。要实现高质量发展，必须双管齐下，一方面扬特色，一方面补短板。以广西为例，要依托环境优势、资源优势，大力发展旅游、制糖、有色金属、海洋等产业，走特色发展之路，借助互联网、大数据等现代信息技术，实现传统产业数字化、新兴产业智能化，提高资源利用效率和产品经济效益，将资源优势转化为产业优势、经济优势。要依托后发优势，选择战略性新兴产业，集中人力物力财力，在一个点上争取率先取得全国领先性突破，以点带面，拉长产业链、加强产业配套、形成产业集聚。要依托区位优势，开放视野、开放胸怀，把国内外优质的资本、先进的技术和高层次的人才引进来，对内积极融入粤港澳大湾区，对外在中国东盟经贸往来和文化交流中发挥桥头堡作用，借助"一带一路"、特别是"海上丝绸之路"和跨区域合作协议等国际合作机制和契机，鼓励企业、人才走出去，积极参与国际市场竞争，实现更高水平、更高层次的对外开放。与此同时，要在教育、培训、人才引进等方面加大投入，形成重视人才、优待人才、有利于人力资本积累的制度环境；在科技创新、知识产权保护、市场竞争机制、国有企业改革、财税金融改革、户籍制度改革等方面加大力度，在机制体制方面大胆创新，切实优化营商环境。这是我国西南民族地区经济高质量发展的主线和长期功课。

第三节　研究展望

由于时间、精力和能力诸方面的原因，本书还有诸多不完善的地方和未尽事宜，值得今后继续深入研究，主要有以下几个方面。

一、研究范围还需要进一步扩大和延伸

从时间维度上，可以对我国西南民族地区经济高质量发展水平进行持续多年的跟踪、测度与评估，以观察其发展变化趋势和动态演变规律；从空间维度上，本书主要以广西为例，并且整体评价停留在省级层面，未来可以向云南、贵州、重庆、四川等省市横向拓展，向市县级层面纵向拓展；从行业维度上，本书仅以旅游业为例进行了测度和分析，未来可以向现代农业、先进制造业、战略性新兴产业、生产性服务业等领域延展。

二、研究方法和研究思路还需要进一步优化

在分析工具方面，还可以进一步吸收、借鉴、整合、优化包括马克思主义经济学和西方经济学在内的理论、模型和分析工具，如资本有机构成变化对经济高质量发展的影响、生产力布局的投入产出效率比较、分地区分行业的全要素生产率测度等；在指标选取方面，可以考虑将存量指标和增量指标、结果性指标和过程性指标、投入性指标和产出性指标分开测度，存量指标和结果性指标测度经济高质量发展的现状水平，增量指标和过程性指标测度经济高质量发展的动态变化程度，投入性指标测度高质量发展的基础，产出性指标测度高质量发展的成效。

三、研究视角和数据使用方面还需要进一步多元化

在研究视角方面，本书更多是从宏观层面切入，不管是整个地区还是整个产业，只见森林不见树木，未来可以考虑从企业层面、居民层面甚至产品和服务等微观层面切入，研究高质量发展问题；在数据使用方面，本书更多使用了统计数据、二手数据，这样使研究本身受到很大局限，未来可以考虑采用更多的调查数据、一手数据，甚至利用互联网、云计算等新兴技术手段获取的灵敏度、实时性以及颗粒度更强的大数据，以拓展研究的触角、丰富研究的领域。

参 考 文 献

[1] 艾四林，王明初．社会主义主流意识形态与当今中国社会思潮 [M]．北京：人民出版社，2014：186．

[2] 安淑新．促进经济高质量发展的路径研究：一个文献综述 [J]．当代经济管理，2018，40（9）：11－17．

[3] 安树伟，李瑞鹏．黄河流域高质量发展的内涵与推进方略 [J]．改革，2020（1）：76－86．

[4] 蔡昉．中国经济增长的必要条件与改革路径 [J]．China Economist，2018，13（1）：2－21．

[5] 钞小静，惠康．中国经济增长质量的测度 [J]．数量经济技术经济研究，2009，26（6）：75－86．

[6] 陈瑾，何宁．高质量发展下中国制造业升级路径与对策——以装备制造业为例 [J]．企业经济，2018，37（10）：44－52．

[7] 陈诗一，陈登科．雾霾污染、政府治理与经济高质量发展 [J]．经济研究，2018，53（2）：20－34．

[8] 陈彦斌，王兆瑞．提升居民消费与推动中国经济高质量发展 [J]．人文杂志，2020（7）：97－103．

[9] 程虹．如何衡量高质量发展 [N]．第一财经日报，2018－3－14（A11）．

[10] 大卫·李嘉图．政治经济学及赋税原理 [M]．北京：光明日报出版社，2009．

[11] 傅如良．综论我国学界关于公平与效率问题的研究 [J]．湖

南师范大学社会科学学报，2005（1）：15 – 19.

[12] 高国顺．亚当·斯密的经济增长因素分析——亚当·斯密的经济增长理论研究之一 [J]．湖北大学学报（哲学社会科学版），2004（1）：28 – 34.

[13] 高建昆，程恩富．建设现代化经济体系　实现高质量发展 [J]．学术研究，2018（12）：73 – 82.

[14] 高培勇．理解、把握和推动经济高质量发展 [J]．经济学动态，2019（8）：3 – 9.

[15] 高培勇，袁富华，胡怀国，等．高质量发展的动力、机制与治理 [J]．经济研究，2020，55（4）：4 – 19.

[16] 高睿璇，刘刚，毛美玲．高质量发展背景下山东省全要素生产率的研究——理论机理和实证检验 [J]．华东经济管理，2019，33（5）：20 – 25.

[17] 葛恒云．马克思主义的发展观及其当代意义 [J]．江苏大学学报（社会科学版），2008（1）：7 – 14.

[18] 郭朝先．当前中国工业发展问题与未来高质量发展对策 [J]．北京工业大学学报（社会科学版），2019，19（2）：50 – 59.

[19] 郭庆旺，贾俊雪．中国全要素生产率的估算：1979—2004 [J]．经济研究，2005（6）：51 – 60.

[20] 国家发展改革委经济研究所课题组．推动经济高质量发展研究 [J]．宏观经济研究，2019（2）：5 – 91.

[21] 国务院发展研究中心课题组．高质量发展的目标要求和战略重点（下）[M]．北京：中国发展出版社，2019：320 – 471.

[22] 国务院发展研究中心课题组．高质量发展的目标要求和战略重点（下）[M]．北京：中国发展出版社，2019：442 – 558.

[23] 洪银兴．改革开放以来发展理念和相应的经济发展理论的演进——兼论高质量发展的理论渊源 [J]．经济学动态，2019（8）：10 – 20.

[24] 侯鹏．新时代我国经济如何实现高质量发展 [J]．人民论坛，

2018（23）：86－87.

［25］侯为民. 正确认识中国经济高质量发展阶段的微观基础［J］. 当代经济研究，2018（12）：2－99.

［26］胡敏. 高质量发展要有高质量考评［N］. 中国经济时报，2018－1－18（5）.

［27］胡志平. 中国农村公共服务供给变迁的政治经济学：发展阶段与政府行为框架［J］. 学术月刊，2019，51（6）：53－63.

［28］黄祖辉. 在促进一二三产业融合发展中增加农民收益［N］. 农民日报，2015－08－14（1）.

［29］加里·贝克尔. 人力资本［M］. 北京：机械工业出版社，2016.

［30］贾根良. 高质量发展阶段需要怎样的产业政策［J］. 新经济导刊，2018（9）：41－42.

［31］简新华，聂长飞. 论从高速增长到高质量发展［J］. 社会科学战线，2019（8）：86－95.

［32］简新华，聂长飞. 中国高质量发展的测度：1978—2018［J］. 经济学家，2020（6）：49－58.

［33］江小国，何建波，方蕾. 制造业高质量发展水平测度、区域差异与提升路径［J］. 上海经济研究，2019（7）：70－78.

［34］揭水利，陈恩. 西方经济增长与发展理论视角下发展我国经济的战略抉择［J］. 经济问题探索，2010（1）：12－17.

［35］金碚. 关于"高质量发展"的经济学研究［J］. 中国工业经济，2018（4）：5－18.

［36］卡马耶夫. 经济增长的速度和质量［M］. 武汉：湖北人民出版社，1983：19－32.

［37］康梅. 投资增长模式下经济增长因素分解与经济增长质量［J］. 数量经济技术经济研究，2006（2）：153－160.

［38］李变花. 新增长理论与中国经济增长质量的提高［J］. 经济体制改革，2004（2）：23－26.

［39］李根．经济赶超的熊彼特分析：知识·路径创新和中等收入陷阱［M］．北京：清华大学出版社，2016．

［40］李国平，宋昌耀．雄安新区高质量发展的战略选择［J］．改革，2018（4）：47－56．

［41］李金昌，史龙梅，徐蔼婷．高质量发展评价指标体系探讨［J］．统计研究，2019，36（1）：4－14．

［42］李梦欣，任保平．新时代中国高质量发展的综合评价及其路径选择［J］．财经科学，2019（5）：26－40．

［43］李义平．把握新发展理念的三个维度［N］．光明日报，2021－3－9（15）．

［44］理查德·杜思韦特．增长的困惑［M］．李斌，姜峰，宫庆彬，译．北京：中国社会科学出版社，2008：1－17．

［45］厉以宁，辜胜阻，高培勇，等．中国经济学70年：回顾与展望——庆祝新中国成立70周年笔谈（下）［J］．经济研究，2019，54（10）：4－23．

［46］林兆木．关于我国经济高质量发展的几点认识［N］．人民日报，2018－1－17（7）．

［47］刘国光．关于中国政治经济学研究的几个基本理论问题［J］．当代经济研究，2019（8）：5－8，113．

［48］刘国光．学习毛泽东经济思想，搞好社会主义经济建设［J］．经济研究，1983（12）：3－4．

［49］刘国光．学习毛泽东经济思想　拓展强国富民之路［J］．经济研究，1993（12）：3－15．

［50］刘英基，韩元军．要素结构变动、制度环境与旅游经济高质量发展［J］．旅游学刊，2020，35（3）：28－38．

［51］刘瑞，郭涛．高质量发展指数的构建及应用——兼评东北经济高质量发展［J］．东北大学学报（社会科学版），2020，22（1）：31－39．

［52］刘伟，陈彦斌．中国经济增长与高质量发展：2020—2035

[J]．China Economist，2021，16（1）：2－17．

[53] 卢现祥．论产权制度、要素市场与高质量发展［J］．经济纵横，2020（1）：65－73．

[54] 吕腾捷．旅游业高质量发展的测度与促进——基于效率分解视角的研究［D］．北京：中国社会科学院研究生院，2020：6．

[55] 马海涛，徐楦钫．黄河流域城市群高质量发展评估与空间格局分异［J］．经济地理，2020，40（4）：11－18．

[56] 马红梅，郝美竹．高铁建设、区域旅游与经济高质量发展研究——以粤桂黔高铁经济带为例［J］．重庆社会科学，2020（2）：79－90．

[57] 梅世文．主动融入国内国际双循环　加快广西经济高质量发展［N］．广西日报，2020－9－10（10）．

[58] 母爱英，徐晶．县域经济高质量发展评价研究——基于河北省118个县的实证分析［J］．河北经贸大学学报（综合版），2019，19（2）：51－58．

[59] 倪大奇．毛泽东经济思想研究［M］．上海：复旦大学出版社，1991：180．

[60] 逄锦聚．构建和发展中国特色社会主义政治经济学的三个重大问题［J］．经济研究，2018，53（11）：4－16．

[61] 逄锦聚，景维民，何自力，等．中国特色社会主义政治经济学通论（修订版）［M］．北京：经济科学出版社，2018：126－128．

[62] 逄锦聚，林岗，杨瑞龙，等．促进经济高质量发展笔谈［J］．经济学动态，2019（7）：3－19．

[63] 逄锦聚．习近平新时代中国特色社会主义经济思想的时代价值和理论贡献［J］．社会科学辑刊，2018（6）：17－27．

[64] 彭五堂，余斌．经济高质量发展问题的三级追问［J］．理论探索，2019（3）：14－20．

[65] R.哈罗德．动态经济学［M］．北京：商务印书馆，1981．

[66] 人民日报评论员．以推动高质量发展为主题——论学习贯彻

党的十九届五中全会精神 [N]. 人民日报, 2020 - 11 - 02 (1).

[67] 任保平, 李禹墨. 新时代背景下高质量发展新动能的培育 [J]. 黑龙江社会科学, 2018 (4): 31 - 36.

[68] 任保平, 李禹墨. 新时代我国高质量发展评判体系的构建及其转型路径 [J]. 陕西师范大学学报 (哲学社会科学版), 2018, 47 (3): 105 - 113.

[69] 任保平, 文丰安. 新时代中国高质量发展的判断标准、决定因素与实现途径 [J]. 改革, 2018 (4): 5 - 16.

[70] 三中全会以来重要文献选编 (下) [M]. 北京: 人民出版社, 1982: 1180.

[71] 盛朝迅. 理解高质量发展的五个维度 [J]. 领导科学, 2018 (15): 21.

[72] 师博, 韩雪莹. 中国实体经济高质量发展测度与行业比较: 2004—2017 [J]. 西北大学学报 (哲学社会科学版), 2020, 50 (1): 57 - 64.

[73] 师博. 黄河流域中心城市高质量发展路径研究 [J]. 人文杂志, 2020 (1): 5 - 9.

[74] 师博, 任保平. 中国省际经济高质量发展的测度与分析 [J]. 经济问题, 2018 (4): 1 - 6.

[75] 十六大以来重要文献选编 (上) [M]. 北京: 中央文献出版社, 2005: 21.

[76] 十六大以来重要文献选编 (上) [M]. 北京: 中央文献出版社, 2005: 6.

[77] 十七大以来重要文献选编 (上) [M]. 北京: 中央文献出版社, 2009: 20.

[78] 十五大以来重要文献选编 (上) [M]. 北京: 中央文献出版社, 2000: 24.

[79] 史丹, 李鹏. 我国经济高质量发展测度与国际比较 [J]. 东南学术, 2019 (5): 169 - 180.

[80] 唐国华，许成安. 马克思经济增长理论与中国经济发展方式的转变 [J]. 当代经济研究，2011（7）：15－20.

[81] 汪同三. 三个方面把握经济"高质量发展"具体含义 [N]. 光明日报，2018－6－7（7）.

[82] 王海明. 公正平等人道——社会治理的道德原则体系 [M]. 北京：北京大学出版社，2000.

[83] 王伟. 桂北湘南地区产业融合发展新模式的探索性研究 [J]. 理论观察，2020（11）：68－72.

[84] 王伟. 后金融危机时代商业银行危机预警系统构建与警情分析——以A股上市银行为例 [J]. 中国经济问题，2013（1）：92－99.

[85] 王伟. 中国经济高质量发展的测度与评估 [J]. 华东经济管理，2020，34（6）：1－9.

[86] 王小鲁、樊纲、胡李鹏. 中国分省份市场化指数报告（2018）[M]. 北京：社会科学文献出版社，2019：216.

[87] 王晓慧. 中国经济高质量发展研究 [D]. 长春：吉林大学，2019：12.

[88] 王新越，刘二恋，侯娟娟. 山东省旅游城镇化响应的时空分异特征与类型研究 [J]. 地理科学，2017，37（7）：1087－1094.

[89] 王新越，芦雪静，朱文亮. 我国主要旅游城市旅游业发展影响因素分析与评价 [J]. 经济地理，2020，40（5）：198－209.

[90] 王一鸣. 高质量发展十策 [N]. 北京日报，2018－4－2（13）.

[91] 王一鸣. 经济升级须抓好"高质量"牛鼻子 [N]，中国科学报，2018－3－22（5）.

[92] 卫兴华. 毛泽东关于解放与发展生产力和正确对待资本主义经济的思想 [J]. 党的文献，2013（S1）：110－116.

[93] 卫兴华. 有关中国特色社会主义经济理论体系的十三个理论是非问题 [J]. 经济纵横，2016（1）：1－14.

[94] 魏敏，李书昊. 新时代中国经济高质量发展水平的测度研究

[J]. 数量经济技术经济研究, 2018, 35 (11): 3 - 20.

[95] 魏敏, 李书昊, 徐杰. 高质量发展背景下中国省际旅游竞争力再测度——基于 PROMETHEE 方法 [J]. 商业研究, 2020 (2): 91 - 100.

[96] 温诺·托马斯, 等. 增长的质量 [M]. 北京: 中国财经出版社, 2001: 157 - 164.

[97] 习近平关于社会主义生态文明建设论述摘编 [M]. 北京: 中央文献出版社, 2017: 27.

[98] 习近平总书记谈协调 [N]. 人民日报, 2016 - 03 - 03 (11).

[99] 肖周燕. 中国高质量发展的动因分析——基于经济和社会发展视角 [J]. 软科学, 2019, 33 (4): 1 - 5.

[100] 谢伏瞻. 新中国 70 年经济与经济学发展 [J]. 中国社会科学, 2019 (10): 5 - 205.

[101] 辛岭, 安晓宁. 我国农业高质量发展评价体系构建与测度分析 [J]. 经济纵横, 2019 (5): 109 - 118.

[102] 徐辉, 师诺, 武玲玲, 等. 黄河流域高质量发展水平测度及其时空演变 [J]. 资源科学, 2020, 42 (1): 115 - 126.

[103] 徐现祥, 李书娟, 王贤彬, 等. 中国经济增长目标的选择: 以高质量发展终结 "崩溃论" [J]. 世界经济, 2018, 41 (10): 3 - 25.

[104] 徐志向, 丁任重. 新时代中国省际经济发展质量的测度、预判与路径选择 [J]. 政治经济学评论, 2019, 10 (1): 172 - 194.

[105] 亚当·斯密. 国富论 [M]. 西安: 陕西师范大学出版社, 2010.

[106] 杨柳青青, 李小平. 基于 "五大发展理念" 的中国少数民族地区高质量发展评价 [J]. 中央民族大学学报 (哲学社会科学版), 2020, 47 (1): 79 - 88.

[107] 杨仁发, 杨超. 长江经济带高质量发展测度及时空演变 [J]. 华中师范大学学报 (自然科学版), 2019, 53 (5): 631 - 642.

[108] 杨耀武, 张平. 中国经济高质量发展的逻辑、测度与治理

[J]. 经济研究, 2021, 56 (1): 26 - 42.

[109] 杨依山. 亚当·斯密的经济增长理论 [J]. 理论学习, 2007 (10): 55 - 56.

[110] 杨志安, 邱国庆. 财政分权与中国经济高质量发展关系——基于地区发展与民生指数视角 [J]. 财政研究, 2019 (8): 27 - 36.

[111] 姚慧琴. 马克思宏观经济增长运行理论及其现实意义——对马克思社会资本扩大再生产理论的再研究 [J]. 西北大学学报 (哲学社会科学版), 1999 (4): 95 - 99.

[112] 易纲, 樊纲, 李岩. 关于中国经济增长与全要素生产率的理论思考 [J]. 经济研究, 2003 (8): 13 - 90.

[113] 易淼. 流域分工视角下长江经济带高质量发展初探——一个马克思主义政治经济学的解读 [J]. 经济学家, 2019 (7): 51 - 59.

[114] 余泳泽, 胡山. 中国经济高质量发展的现实困境与基本路径: 文献综述 [J]. 宏观质量研究, 2018, 6 (4): 1 - 17.

[115] 余泳泽, 杨晓章, 张少辉. 中国经济由高速增长向高质量发展的时空转换特征研究 [J]. 数量经济技术经济研究, 2019, 36 (6): 3 - 21.

[116] 约瑟夫·熊彼特. 经济发展理论 [M]. 北京: 商务印书馆, 1991.

[117] 张弛. 国外毛泽东经济思想研究状况评述 [J]. 政治经济学评论, 2016, 7 (4): 85 - 102.

[118] 张定胜, 杨小凯. 国际贸易、经济发展和收入分配 [J]. 世界经济, 2004 (9): 3 - 12, 80.

[119] 张海鹏, 逄锦聚. 科学发展评价指标体系的构建与测度 [J]. 南开学报 (哲学社会科学版), 2012 (5): 86 - 97.

[120] 张建华, 刘仁军. 保罗·罗默对新增长理论的贡献 [J]. 经济学动态, 2004 (2): 77 - 81.

[121] 张军扩, 侯永志, 刘培林, 等. 高质量发展的目标要求和战略路径 [J]. 管理世界, 2019, 35 (7): 1 - 7.

[122] 张俊山. 对经济高质量发展的马克思主义政治经济学解析 [J]. 经济纵横, 2019 (1): 36-44.

[123] 张丽伟. 中国经济高质量发展方略与制度建设 [D]. 北京: 中共中央党校, 2019: 6-7.

[124] 张诗亚, 周玉林. 认识西南与西南民族地区发展——西南大学张诗亚教授访谈 [J]. 社会科学家, 2009 (9): 3-7.

[125] 张涛. 高质量发展的理论阐释及测度方法研究 [J]. 数量经济技术经济研究, 2020, 37 (5): 23-43.

[126] 张新成, 梁学成, 宋晓, 等. 黄河流域旅游产业高质量发展的失配度时空格局及成因分析 [J]. 干旱区资源与环境, 2020, 34 (12): 201-208.

[127] 张宇. 中国社会主义经济学派的奠基者和开创者——毛泽东对社会主义政治经济学的探索和贡献 [J]. 经济导刊, 2014 (12): 31-37.

[128] 张月友, 董启昌, 倪敏. 服务业发展与"结构性减速"辨析——兼论建设高质量发展的现代化经济体系 [J]. 经济学动态, 2018 (2): 23-35.

[129] 郑光中. 资本构成理论的当代变化与发展 [J]. 马克思主义研究, 1999 (2): 89-93.

[130] 郑文涛. 用好推动高质量发展的辩证法 [N]. 经济日报, 2018-07-12 (14).

[131] 中共中央文献研究室编. 建国以来重要文献选编 (第9册) [M]. 北京: 中央文献出版社, 1994: 40.

[132] 中共中央文献研究室. 毛泽东年谱 (第二卷) [M]. 北京: 中央文献出版社, 2013: 550.

[133] 中共中央文献研究室. 三中全会以来重要文献选编 (上) [M]. 北京: 人民出版社, 1982: 4.

[134] 中国数字经济发展白皮书 (2020) [R]. 北京: 中国信息通信研究院, 2020: 19-20.

［135］中国数字经济就业发展研究报告：新形态、新模式、新趋势（2021）［R］. 北京：中国信息通信研究院，2021：21 - 23.

［136］周文，李思思. 高质量发展的政治经济学阐释［J］. 政治经济学评论，2019，10（4）：43 - 60.

［137］朱方明，刘丸源. 马克思的经济发展理论与西方经济发展理论比较——兼论中国经济高质量发展的路径［J］. 政治经济学评论，2019，10（1）：54 - 72.

［138］Aisen A. , VeigaF J. How Does political instability affect economic growth［J］. European Journal of Political Economy，2013（29）：151 - 167.

［139］Frolov S M, Kremen O I, Ohol D O. Scientific methodical approaches to evaluating the quality of economic growth［J］. Actual Problems of Economics，2015，173（11）：393 - 398.

［140］Ghosh A. How does banking sector globalization affect economic growth［J］. International Review of Economics & Finance，2017（48）：83 - 97.

［141］Jorgenson D. W. , Griliches Z. The explanation of productivity change［J］. Review of Economic Studies，1967（34）：249 - 283.

［142］Mei L. , Chen Z. The convergence analysis of regional growth differences in China：The perspective of the quality of economic growth［J］. Journal of Service Science and Management，2016（9）：453 - 476.

［143］Mlachila Montfort, René Tapsoba, Sampawende J. A. Tapsoba. A quality of growth index for developing countries：A proposal［J］. Social Indicators Research，2017，134（2）：675 - 710.

［144］Mlachila M, Tapsoba R, TAPSOBA S J A. A quality of growth index for developing countries：A proposal［R］. IMF Working Paper，2014：172.

［145］M. . The quality of the recent high - growth episode in Sub - Saharan Africa［R］. IMF working paper，2013（53）：3.

［146］ Niebel T. ICT and economic growth – comparing developing, emerging and developed Countries ［J］. World Development, 2018 （104）: 197 – 211.

［147］ Paul M. Romer. Increasing returns and long – run growth ［J］. Journal of Political Economy, 1986 （94）: 1002 – 1037.

［148］ Qi J. Fiscal expenditure incentives, spatial correlation and quality of economic growth: Evidence from a Chinese Province ［J］. International Journal of Business and Management, 2016 （11）: 191 – 201.

［149］ Robert J. Barro. Quantity and quality of economic growth ［R］. Working Papers Central Bank of Chile from Central Bank of Chile, 2002: 1 – 39.

［150］ Robert M. Solow. A contribution to the theory of economic growth ［J］. The Quarterly Journal of Economics, 1956 （2）: 65 – 94.

［151］ Sachs, J. D. and Warner, A. M. The curse of natural resources ［J］. European Economic Review, 2001 （45）: 827 – 838.

［152］ Zhang G., Kong J. Effect of equity in education on the quality of economic growth: Evidence from China ［J］. International Journal of Human Sciences, 2010 （7）: 47 – 69.

后　记

　　本书是国家社会科学基金项目"桂滇黔民族地区旅游业高质量发展与共同富裕的耦合机制研究"（项目编号：22XMZ016）、广西哲学社会科学规划研究课题"桂林国际旅游胜地多模态旅游语言资源调查与开发对策研究"（项目编号：22FYY018）的阶段性研究成果，同时也是作者博士论文的拓展与延伸。

　　我是河北滦州一个普通农村家庭的孩子，乡土的气息赋予了我质朴和坚韧，虽然天资驽钝，从小学到大学，乃至硕士、博士，我不是班里最优秀的，但我一直默默地努力着……一步步走来，从武汉沙湖畔的湖北大学，到岳麓山下惟楚有才的湖南大学，再到中国社会科学院研究生院；从桂江到漓江再到花江，从助教、讲师到副教授、教授，我似乎演绎了一段丑小鸭般的蜕变。

　　我认真研读马克思主义政治经济学经典原著，深入体悟习近平新时代中国特色社会主义经济思想，仔细拜读卫兴华、刘国光等老一辈马克思主义经济学家的学术论著。在思想上更加坚定了马克思主义信仰，在学术上取得了一定进步，对"中国特色社会主义政治经济学"有了更深入的认识：要研究世界经济和我国经济面临的新情况新问题，揭示经济发展和运行的新规律，就必须立足国情、放眼世界，坚持问题导向，坚持马克思主义的原则、立场和研究方法，构建有中国特色的社会主义政治经济学，并以此指导经济发展的实践。建设中国特色社会主义市场经济只能以中国特色社会主义政治经济学作为根本的指导理论。

中国社会科学院大师云集，是全国乃至全世界马克思主义研究的最高殿堂，有幸来到这里学习我倍加珍惜。学习上的收获，首先是开阔了眼界和思想境界，在这里，我有幸见到了卫兴华、张卓元、刘诗白等老一辈经济学家，有幸聆听了蔡昉、高培勇、逄锦聚、顾海良、程恩富、金民卿、辛向阳、胡乐明等国内重量级经济学者的讲座，他们精深的学术思想、严谨的治学态度使我受益终身。其次是理论水平和学术素养的提升，通过课程学习、导师指导以及经典著作的研读，系统学习和初步掌握了马克思主义政治经济学的学科发展脉络、研究范畴和研究方法；通过积极参加学术会议，逐步了解了马克思主义政治经济学的学科研究前沿；通过积极参加图书馆学术素养提升系列活动，掌握了中外文数据库检索、文献管理等实用工具，提高了论文写作的方法和技巧；通过认真完成课程作业、国情调研，撰写了一些学术论文，养成了良好的学术习惯和严谨的学术态度。最后是在导师逄锦聚老师潜移默化的影响下，明白了很多做人做事做学问的道理，明白了作为知识分子的责任、良知和底线。

本书的选题最早源于2018年11月中国社会科学院高培勇副院长在笃学讲堂的一场学术讲座，当时高培勇教授深刻解读了高质量发展的理念、思想和国家战略演进的脉络。互动环节，我有幸提出了自己的问题：如何评价高质量发展？在中美贸易摩擦日益激烈、国际贸易环境日益严峻的背景下，坚持高质量发展会不会加大经济下行压力，进而对就业、税收和中小企业生存产生严重冲击？高院长给出了深刻的分析，坚定了高质量发展的必要性和必然性，并指出中国政府有足够的政策工具加以应对。同时指出，高质量发展的评价体系，值得深入研究。后来在完成导师的《中国特色社会主义经济专题研究》课程论文时，逄老师指出可以从新发展理念的视角研究经济高质量发展，这给了我很大的启示。最后，作为广西高校的一名教师，渴望为我国西南民族地区特别是广西经济高质量发展献计献策。

行文至此，本书的撰写和修改工作终于接近尾声。囿于时间、精力和学识，书中不足之处敬请广大读者批评指正。最后，我要感谢我的导师逢锦聚教授，感谢我的同门岳茜枚同学，感谢与我相濡以沫给我鼓励、支持和爱的妻子，是你们的指导、鼓励和支持，才使我有信心、勇气和时间完成书稿。更要特别感谢经济科学出版社的李晓杰编辑，感谢您的辛苦与付出，才使得这本书有机会面世。

2023 年 6 月